AF277290

VERBUM ✳ ENSAYO

HISTORIA CÓMICA DE LA TELEVISIÓN

colección **Ensayo**

Dirigida por: JOSÉ MANUEL LÓPEZ DE ABIADA

Verbum Ensayo se enfoca en los campos de la filología, la estética, la filosofía y la historia, fundamentalmente. Atesora las obras de los ensayistas y estudiosos más importantes de todos los tiempos y presta especial cuidado a estudios de autores hispanos como José Ingenieros, Miguel de Unamuno, José Enrique Rodó, José Olivio Jiménez, Roberto González Echevarría, Humberto López Morales, Leonardo Padura Fuente, Alejo Carpentier, Roberto Fernández Retamar, José Carlos Rovira, Virgilio López Lemus, Jesús G. Maestro, Alejandro Martínez, Ángel Díaz Arenas, Rolena Adorno, Enrique Gallud Jardiel, Vicente Cervera Salinas, Jesús Jambrina, Gema Areta, Ángel Esteban, José Luis Villacañas, Carlos Javier Morales, Javier Huerta Calvo, José Manuel Camacho, Elena Poniatowska, entre otros.

Muchos de estos títulos forman parte de las referencias bibliográficas de numerosos cursos doctorales, másteres y grados en universidades de España, resto de Europa y EE.UU.

ENRIQUE GALLUD JARDIEL

Historia cómica de la televisión

EDITORIAL **VERBUM**

© Enrique Gallud Jardiel, 2025
© Imagen de portada: José Rubies
© Editorial Verbum, S. L., 2025

Tr.ª Sierra de Gata, 5
La Poveda (Arganda del Rey)
28500 - Madrid
Teléf.: (+34) 910 46 54 33
e-mail: info@editorialverbum.es
https://editorialverbum.es

I.S.B.N.: 978-84-1136-887-2
Depósito Legal: M-5641-2025

Diseño de colección: Origen Gráfico, S. L.
Preimpresión: Adrians Esquivel Romero
Printed in Spain / Impreso en España

Este libro ha sido impreso con papel ecológico procedente de bosques sostenibles.

Los medios de comunicación son un instrumento de gobierno.
NOAM CHOMSKY

Hoy en día, no salir en televisión es un signo de elegancia.
UMBERTO ECO

ÍNDICE

Introducción

Quizá escribir un libro sobre televisión sea la actividad más absurda que pueda hacerse. ¿Por qué? Alguien podría argüir que la gente que se vuelca en la televisión nunca lee y que los amantes de la lectura desprecian la televisión, razones por las cuales nadie querrá comprar este libro.

Espero que no sea así, pues yo me propongo ir contracorriente y alabar las virtudes de este medio, aunque, por supuesto, habré de puntualizar.

El valor de la lectura no lo vamos a poner de relieve a estas alturas, porque el café con leche ya está inventado. El caso de la televisión es distinto, porque es —a mi parecer— el arma más poderosa que se inventó durante el pasado siglo, mucho más que cualquier bomba atómica, si tomamos como parámetros el daño que es capaz de hacer y cuánto puede transformar un país. Estarán de acuerdo conmigo en que su influjo es tremendo. La lástima es que no se use mejor, pero, siendo un arma, es obvio que el que la esgrima lo hará para beneficio suyo y perjuicio de sus enemigos. Así es que los aspectos televisivos de manipulación ideológica (informativos), aborregamiento cultural (telebasura) y estafa económica (publicidad) están ahí y seguirán estando, por mucho que lloremos.

No obstante, el telespectador siempre tiene dos opciones. Una de ellas es apagar el receptor. Groucho Marx aseguraba que la televisión le había hecho mucho más culto, pues siempre que alguien la encendía en su casa, él se iba a otra habitación y cogía un libro. La otra opción consiste en elegir sensatamente lo que vemos, porque siempre habrá contenidos mejores o —aunque esto sea una barbaridad lingüística— «menos peores», como dirán los que sean pesimistas al respecto.

Mi generación (permítanme, como privilegio de viejo, que me ponga nostálgico) se aficionó al teatro viendo «Estudio 1» todos los viernes (bien que no había otra cosa, pero el caso es los españoles de los sesenta veíamos teatro) y aprendió mucho del séptimo arte viendo «Cineclub» los sábados (creo recordar que en el UHF), porque se emitían ciclos de películas de directores concretos (podías verte una película de John Ford a la semana durante meses o años). Esto, por poner solo dos ejemplos. Resumiendo: yo y muchos como yo le debemos mucha cantidad de cultura y muchas horas de entretenimiento y placer a la caja tonta.

Por consiguiente, este libro —sin abandonar el tono burlesco y paródico del que no me puedo despegar ni con agua caliente— no será ácido ni malintencionado, no se convertirá en una crítica desagradable ni en un manifiesto antialienativo. Presentará una visión amable y simpática del invento en sí, de sus circunstancias e influjo y, sobre todo, de los programas emblemáticos que nos han acompañado durante nuestras vidas, hayámoslo querido o no.

Obviamente, no cabrá todo y la elección de lo que se cuente y de lo que se omita no agradará a muchos, pero alguien tiene que tomar las decisiones difíciles y en este caso el único que puede hacerlo soy yo, que soy el único autor, porque los libros no se pueden escribir por sufragio universal.

Otra introducción[1]

Con la televisión pasa como con los gobiernos: si los criticas, generalmente acabas por tener razón. Las bromas que se hacen sobre ella son facilísimas de elaborar y, además, una gran tentación, porque, como dijo Juvenal: «Es muy difícil no hacer sátiras», ya que los seres humanos estamos programados y motivados para la crítica (y los seres humanos españoles, incluso más).

Así es que siempre dan ganas de hacer el pedestre juego de palabras de que el espectáculo de un partido de fútbol *alinea* a once jugadores al tiempo que *aliena* a todos los demás. De ahí que los que se las dan de cultos afirmen que no ven ningún programa, aunque esto sea una mentira más enorme que el gran cañón del Colorado. Todo el mundo ve la televisión. Varias horas al día. Los intelectuales aseguran que no lo hacen, pero faltaría demostrar primero que en nuestro país tales intelectuales existen, lo que parece harto dudoso.

Por ello, nosotros procuraremos ser neutrales. Aceptamos que la televisión atonta, pero también enseña. Que tiene contenidos atroces y nauseabundos, pero también otros meritorios. Es obvio que podría haberse convertido en un gran instrumento de culturización y que ha optado por no hacerlo. Pero el *quid* de la cuestión es precisamente ese: que es un instrumento y que todos los instrumentos inventados por el hombre se acaban usando, bien o mal. Si te esfuerzas lo bastante, puedes matar a un hombre con un invento tan aparentemente inofensivo como una cucharilla de postre.

En estas páginas daremos una visión panorámica... de solo algunos aspectos del tema, porque, ¡señores!, hay muchos países,

---

[1] Así el lector puede escoger entre leer una o la otra, o ambas, o ninguna de las dos (lo que es lo más recomendable).

muchas televisiones distintas y no nos podemos extender demasiado, ya que los libros gordos son la ruina de las editoriales, pues pasado un precio, no se venden ni a la de tres. También nos ceñiremos a la realidad española, por la sencilla razón de que es la que mejor conocemos, pues no hemos tenido ocasión de viajar al Uruguay ni a la República Centroafricana para ver las televisiones de allí.

Se quedarán en el tintero (es inevitable) muchos detalles técnicos que no contaremos, no porque pensemos que los lectores no los van a entender, sino porque no los entendemos nosotros mismos. Aun así, esperamos que este canon televisivo les resulte simpático y divertido, a la vez que didáctico.

Los autores[2]
Diciembre de 2024

---

[2] No sé por qué he puesto 'los autores', usando por inercia el plural mayestático, porque yo soy solamente un señor, con solo una nariz y no más de dos orejas.

HISTORIA DE LA TELEVISIÓN

El desarrollo del invento

(Sobre esta sección pasaremos muy deprisa y casi de puntillas, porque está constituida por un montón de tecnicismos que aburren al ganado bovino).

LA PARTE TÉCNICA

Cogiéndolo desde la Prehistoria, como suele decirse, tenemos que retroceder hasta el siglo XVIII, momento en que Thomas Wedgwood y Humphry Davy (dos británicos famosos cuyos nombres conocen hasta los niños de pecho) reprodujeron sus huellas y perfiles humanos en cartones recubiertos con cloruro de plata, producto que tiene la particularidad de hacer cosas raras. Era el inicio de la fotografía y ambos científicos se convirtieron algo así como en los dioses mitológicos del selfismo[3].

Poco tiempo después (1827) aparecieron las heliografías, dando un buen susto al personal. Las había inventado el francés Joseph Nicéphore Niépce, que no quiso ser menos que unos ingleses cualesquiera y, como tales, dignos del desprecio de un orgulloso nativo de la France.

En 1831 Louis-Jacques Mandé Daguerre obtuvo sus primeros daguerrotipos, daguerrotipando a su señora en bata de casa. William Henry Fox Talbot, un hijo de la Gran Bretaña, consiguió hacer negativos que no se desintegraran y que permitieran sacar un número ilimitado de copias. Medio siglo después, el estadounidense George

---

[3] La nueva religión autoadoratoria que está consiguiendo prosélitos por todo el mundo.

17

Eastman fabricó una película flexible que captaba todo lo que se le ponía por delante. La fotografía había alcanzado su mayoría de edad y le hicieron una fiesta por todo lo alto en su casa, aunque no le regalaron el coche que ella esperaba recibir con motivo de su puesta de largo.

La decisión de la fotografía de no quedarse quieta dio paso al cine, criatura de origen dudoso, pues aunque los franceses insisten en que fue cosa de los hermanos Auguste Marie Louis Nicolas y Louis Jean Lumière, allá por el 1895, Émile Reynaud ya proyectaba en los Estados Unidos dibujos animados desde 1882, por no hablar del alemán Max Skladanowsky o del inglés William Friese-Green, que también hicieron experimentos parecidos. Pero, a fin de cuentas, la verdad es que quién fuera el verdadero inventor es un dato que no va a ninguna parte.

El envío de señales a distancia era el punto complicadillo del cine, porque hacer señales de humo o encender hogueras en las cimas de las montañas eran medios de comunicación poco aplicables a esta tarea.

¡Menos mal que en 1760 Georges-Louis Le Sage había inventado el telégrafo eléctrico! Alexander Graham Bell y Samuel Finley Breese Morse vieron de hacer que los impulsos eléctricos se transformasen en sonidos, para poder inventar así el teléfono, que, sin esta técnica, era imposible de inventar. Bell, en 1874, mandó el primer mensaje telefónico de la historia. Ordenó a su ayudante (que estaba en habitación de al lado) que se presentase *ipso facto* en el salón donde se llevaba a cabo el experimento y lo hablando bajito por el cable y sin necesidad de pegar gritos estentóreos.

Como las cerezas cuyos rabillos se enganchan cuando las cogemos, una cosa llevó a la otra y se empezó a pensar en transmitir por cable imágenes sonoras en movimiento. Ya el abate Giovanni Caselli, en 1862 había mandado un dibujo por cable y en 1907 Édouard Belin creó el belinógrafo, en el que una imagen se enrollaba en un cilindro y, mediante una célula fotoeléctrica, transformaba la electricidad en luz que... (bueno, no hemos dicho, las descripciones técnicas no resultan interesantes). Aquello era un buen comienzo, un buen surtido de entremeses para abrir boca, pero faltaban aún el plato principal y el postre.

La televisión es hija natural de la radio (la radio nunca estuvo casada) y surgió conceptualmente en 1873, cuando el britifísico James Clerk Maxwell publicó su teoría sobre las divertidas posibilidades de las ondas electromagnéticas. Catorce años y dieciséis meses más tarde, Heinrich Hertz generó tales ondas —llamadas primero 'ondas heinrichianas' y 'ondas hertzianas' después— e hizo juegos malabares con ellas. Al poco, Guglielmo Marconi, un «emprendedor» de la época, utilizó de alguna manera un cohesor y mandó ondas a un barco que estaba a 29 kilómetros de distancia. Fundó en seguida la Compañía de Telegrafía sin hilos Marconi y, dicho de una manera poco elegante pero exacta, parió la radio.

El éxito del invento fue inmediato y en 1905 los barcos ya llevaban todos ellos los artilugios necesarios para radiar y ser radiados. En 1907 se mandaron al éter voces humanas y algún que otro ronquido. Lee De Forest patentó una campana de cristal que captaba las ondas y, a partir de ahí, lo demás fue coser y radiar.

Pero como sucede siempre que la gente empieza a divertirse, los gobiernos trataron de impedirlo y durante la Primera Guerra Mundial se prohibió el uso de la radio a los particulares. Esto no impidió que Westinghouse y General Electric comenzaran a fabricar lámparas como locos para cuando se levantase la prohibición. Cuando esto sucedió, se fundaron compañías como la RCA (Radio Corporation of América) o la BBC (British Broadcasting Corporation), que transmitieron al mundo música, arengas políticas y anuncios de marcas de sopa.

La base de la televisión es que la luz se puede convertir en electricidad y viceversa. Al parecer, elementos como el sodio, el selenio, el potasio, el bario, el rubidio y el cesio, aburridos de estar sin hacer nada, se dedicaban a emitir electrones alegremente cuando se les exponía a la luz.

Paul Gottlieb Nipkow[4] fabricó un disco con sesenta agujeritos que giraba en espiral ante una imagen y cada agujerito recogía una cantidad distinta de luz. En el aparategui receptor se invertía el proceso y *voila!*, la imagen se había transmitido, bien que diminutamente.

Nipkow dio a su ingenio el nombre de telescopio eléctrico. Con ello surgía la televisión como concepto llevado a la práctica. En 1934, sus compatriotos y compatriotas le ofrecieron la presidencia de la Sociedad Alemana de Televisión, que aún no había emitido ningún programa. (Lo haría un año más tarde). Cuando Nipkow murió (del hígado) en 1940, le llamaron 'el padre de la televisión', aunque él no contestó a la llamada.

En 1854, unos científicos que no tenían nada mejor que hacer habían observado que en el interior hermético de un tubo de vidrio se producían chiribitas ('efectos luminosos' los llamaban ellos) cuando se electrificaban dos polos del tubo y se variaba la cantidad de gas que contenía este. Esto dio lugar a varios descubrimientos curiosos, como los rayos X o el tubo de rayos católicos[5]. Cuando se hacía un agujerito en el centro del ánodo, los electrones que venían del cátodo lo atravesaban y provocaban sobre una pantalla la aparición de un punto de luz de intensidad proporcional al número de electrones. Esperamos que ustedes hayan entendido este principio físico, porque nosotros no lo entendemos, sino que nos hemos limitado a copiarlo tal cual de un libro.

Podríamos ahora mencionar a muchos científicos que se dedicaron a la ciencia del tubismo y a su perfeccionamiento, pero mejor no hacerlo, pues no le serviría a ustedes de nada conocer los nombres de Charles Francis Jenkins, Max Dieckmann, Borís Rosing, Alan Archibald Campbell-Swinton, Dénes Mihály y otros.

(¡Anda! ¡Pues al final lo hemos hecho: los hemos mencionado!).

---

[4] Los nombres de estos elegidos inventores son bastante desconocidos por el público en general, pero hay que decir que la culpa la tienen solo ellos, por tener unos nombres tan raros y tan difíciles de recordar.

[5] Católicos, no: catódicos. Es que habíamos tecleado mal.

Sí habremos de detenernos en dos figuras preclaras (aunque una más clara que la otra) que mejoraron el producto que nos ocupa.

John Logie Baird, glasgowita, era un inventor nato. Diseñó unos calcetines que calentaban los pies y unas zapatillas con bolsas de aire en el interior, con la misma finalidad. Como con esto no consiguió triunfar, se dedicó a perfeccionar el invento nipkowiano, en una versión a la que bautizó como Noctavisión. El Ministerio de Marina se interesó, apoquinó la pasta y en 1927 se fundó la Baird Televisión Development Company, que transmitió imágenes desde Glasgow a Londres. También hizo sus pinitos con el color y construyó un equipo estereofónico de televisión, especialmente pensado para los sordos.

Vladímir Kosma Zvorikin, por una parte, se diferenciaba del inventor escocés en que él no era escocés (por otra parte, Baird tampoco era ruso). En lo demás se parecían bastante. Zvorikin emigró a los Estados Unidos y trabajó en el departamento de investigación de la empresa Westinghouse, famosa entonces por sus neveras.

En 1923 no solo inventó el iconoscopio, sino que también visitó las cataratas del Niágara. El iconoscopio era un tubo no menos catódico que los otros, pero que descomponía la imagen en puntos, los transformaban en energía eléctrica y los transmitía a un equipo receptor. Básicamente, lo mismo que ya les hemos contado antes, solo que el mismo artilugio hacía las tres cosas.

Zvorikin publicó un libro —*Fotocélulas y sus aplicaciones*— en 1932 (no se vendió nada, por cierto) y sus tubos electrónicos le dieron la patada definitiva a los procedimientos mecánicos de exploración de imágenes.

DESARROLLO DE LAS CADENAS

Con el invento ya funcionando, se crearon empresas que se centraron en perfeccionar la técnica, pero, ¡oh, tristeza!, no tanto en mejorar los contenidos, por lo que el número de espectadores de esta televisión primitiva de los años treinta no fue gran cosa.

Esto cambió cuando en 1941 la televisión norteamericana ofreció imágenes del ataque japonés a Pearl Harbor, lo que provocó grandes apelotonamientos y millones de pisotones entre los espectadores que se agolpaban ante los escaparates de las tiendas en las que había un televisor encendido.

En la Alemania nazi se cubrieron los Juegos Olímpicos de Berlín con 27 cámaras nada menos y el Reichpost inauguró los *Fernsehstuben*. (Esto habrá que explicarlo, porque, si no, el lector se quedará sin saber de qué diablos le estamos hablando). El Reichpost es el servicio de correo alemán. Y los *Fernsehstuben* eran locales dotados de receptores de televisión para que los espectadores pudieran seguir gratuitamente las emisiones sin tener que pagar ni un marco ni medio, pues no se quería desperdiciar el efecto político de la propaganda televisable. Si Mussolini visitaba el país, prácticamente se obligaba a todo el mundo a verlo, como si el prócer italiano fuese algo digno de contemplación.

En Inglaterra se estuvo dudando en dejar el invento en manos públicas o privadas y finalmente se encargó a la BBC que se ocupara del asunto. Los espectadores pagaban un impuesto baratito, pero impuesto al fin y al cabo. La coronación de Jorge VI y el Derby de Epsom fueron las emisiones más vistas (más el caballo que el rey, todo hay que decirlo). En Gran Bretaña hubo más televisores que en otras partes.

Los Estados Unidos tuvieron esta área muy revuelta y gestionada no por el gobierno, sino por empresas como la RCA. Distintas emisoras usaban sistemas diferentes y al principio fue un lío. A partir del 1 de julio de 1941 se permitió la inserción de anuncios; el primero se emitió a las ocho en punto de la mañana, sin perder tiempo, porque rentabilizar económicamente cualquier cosa es algo muy estadounidense. Se anunció un reloj de la marca Bulova, que vio incrementadas sus ventas en proporción geométrica.

¿Qué hizo Francia, a todo esto? ¿En qué contribuyó al cotarro televisivo? Pues unió por cable el emisor de la torre Eiffel con la red alemana, creando el primer enlace internacional en la historia de la televisión. René Barthélemy introdujo un sistema de entrelazado de imagen que evitaba ese parpadeo que mareaba a muchos.

AVANCES TÉCNICOS

Entre 1935 y 1941 las televisiones basadas en el sistema mecánico se vieron reemplazadas por otras basadas en el sistema electrónico. Pero si quieren ustedes saber cuál es la diferencia, tendrán que comprarse otro libro distinto, porque en este no se explica. Solo diremos —por si sirve de algo— que la electrónica hizo posible el tubo de rayos catódicos, el iconoscopio, el supericonoscopio y el orticón, que algún ingeniero sabrá lo que son, ya que nosotros no lo sabemos.

En cuanto al color, Baird ya había hecho sus pinitos en 1928 y luego Hans Pressler, en 1937, ya no hizo pinitos sueltos, sino todo un bosque. En 1945, RCA puso colorines definitivos a la pequeña pantalla, aunque a precios prohibitivos, por lo que el hallazgo tardó décadas en generalizarse.

Las transmisiones por cable datan también de 1936 y por ahí, porque había montañas que se empeñaban en obstaculizar las ondas, con lo que no había más remedio que tirar un cable al antiguo estilo. En 1984 se instaló por primera vez un cable de fibra óptica. Fue en Alabama, un estado famoso por su... por su... (no se nos ocurre qué decir, pero algo tendrá ese estado que lo caracterice).

En 1945, a Arthur C. Clarke, autor de ciencia-ficción, se le ocurrió la idea de un satélite artificial que recibiera ondas hertzianas ultracortas y las mandase para otro sitio. En 1957 la Unión Soviética lanzó su primer satélite, el «Sputnik», y al año siguiente, los EE. UU., para no ser menos, mandaron el «Explorer». Desde entonces la basura espacial no ha hecho sino aumentar. En 1962, AT & T y la NASA juntaron la pasta para poner por allí arriba el «Telstar», que remitía señales de todas las formas y colores. Francia, Gran Bretaña y los Estados Unidos se hermanaron imaginariamente (compartían imágenes, queremos decir).

Las emisiones se solían hacer en directo, porque grabarlas era un problema. Las escenas de exterior había que filmarlas con película. En 1956, la casa Ampex comercializó un sistema de graba-ción en cinta llamado cuádruplex, no sabemos por qué, que permi-tía el diferido. En el 1963 se le incorporó el sonido, que se les había olvidado poner en la primera versión. La NASA contribuyó con el código de tiempos, que resultaba imprescindible para una cosa u otra. Las cintas de video tuvieron muchos formatos sucesivos con cuyas especificaciones no les vamos a abrumar.

Finalmente, lo analógico tuvo que dar paso a lo digital y hasta abrirle la puerta para que pasase. La intensidad de flujo magné-tico en una cinta se vio sustituida por esos números binarios que ahora están por todas partes y sin los cuales parece ser que ya no podemos vivir.

Televisión Española y sus particularidades

No cabe la menor duda de que Televisión Española es una de las mejores televisiones de España[6].

Las emisiones regulares se iniciaron tras una etapa experimental, porque no hubiera tenido sentido hacerlo al revés. Ya en los años veinte se nos contó que en Inglaterra estaban mandando «películas por telefonía sin hilos». A esto se le dio el nombre de 'televisión', del prefijo griego *'tele'*, «lejos», y el sustantivo latino *'video'*, «visión». De hacerlo al revés, se habría usado el vocablo latino *'laxius'*, «lejano», y el griego *'órama'*, «visión», y, en vez de televisión habríamos tenido un laxiorama, lo que no habría dejado de tener su gracia.

Con un loable afán de poner el carro antes de tener el caballo, comenzó a publicarse en 1933 la revista *Radio y Televisión*, la primera en el mundo dedicada a tratar únicamente temas televisivos (o laxiorámicos), por más que todavía la visión de la televisión no la habíamos hecho ni de *tele*. El Instituto Radiotecnológico de Barcelona comenzó a impartir clases de preparación al nuevo medio, al que llamaron 'radiovisión'.

El Reichspost le regaló a Franco un equipo de fonovisión y tanto el General(ísimo) como José Martínez Maza, su ayudante de campo (y de ciudad) hablaron ante las cámaras en Burgos.

Damos un salto hasta 1948, momento en que Philips realizó la primera exhibición pública de televisión en España. Se instaló un estudio en el Palacio de Montjuic y se emitieron varios programitas de diez minutitos. La primera emisión importante en duración en

---

[6] La frase no es mía. Hoy tendría sentido, considerando la abundancia de canales, pero no cuando se pronunció, que fue allá por los años setenta.

25

nuestro país fue... ¿A que no lo adivinan ustedes? Pues sí, lo han adivinado: ¡una corrida de toros!, ¿qué, si no?

El espectáculo fue un éxito, salvo por el detalle de que no se veía nada, hasta el punto de que los espectadores de pago exigieron airados la devolución de su dinero.

En 1949 se instaló una cadena de televisión y un equipo emisor en el Círculo de la Unión Mercantil, para que algunos ministros pudieran ver cómodamente desde su despacho el tráfico de la Gran Vía y no se aburriesen tanto con la desagradable tarea de gobernar España.

El periodo de pruebas duró aproximadamente de 1949 a 1956, en un estudio de Radio Nacional de Madrid... (y aquí podríamos poner una larga lista de señores que estuvieron por allí en aquellos años, pero para evitarles el tedio nuestros lectores nos la saltaremos).

El invento fue obviamente para ricos. Un receptor costaba unas treinta mil pesetas de las de entonces, de las de verdad, por lo que un obrero agrícola medio habría necesitado su sueldo de seis años y tres meses de setenta días cada uno para poder comprárselo.

Nos detendremos ahora (porque se nos cansa la mano) y aprovecharemos para transcribir la letra de una canción que estuvo de moda y que, sin querer, adelantaba dos de las peores lacras de la televisión en nuestro país. La cantante era Lolita Garrido y la canción se titulaba *Televisión*. Decía así:

> La televisión
> pronto llegará;
> yo te cantaré
> y tú me verás.
>
> Vísteme bien, mamá, vísteme bien.
> Vísteme bien, que voy a transmitir,
> que no hace falta tener buena voz[7];

---

[7] La elocución de la mayor parte de los presentadores y presentadoras, corresponsales y corresponsalas es infame: pronuncian mal e insertan las pausas

hay que lucir bastante el figurín[8].
Cuando yo salgo en la televisión
a pedacitos no voy a alcanzar. (¿*Qué quiere decir esto?*).
Lindos muchachos yo tendré un montón,
porque mi tipo es muy resabrosón.

Retomemos el hilo narrativo, mencionando un hitón (gran hito): la retransmisión en 1954 de un partido de fútbol entre el Real Madrid y el Racing de Santander desde el estadio de Chamartín. El primer gol que se pudo ver en la pequeña pantalla lo marcó Gento, que jugaba por la extrema izquierda, razón por la cual el régimen no le tenía ninguna simpatía.

Al año siguiente, se emitió por circuito cerrado el Desfile de la Victoria, con primeros planos de la cabra, que fue quien mejor lo hizo, ya que los soldados que desfilaban estaban nerviosos por las cámaras e iban con el pie cambiado. A Salvador Moreno Fernández, ministro de Defensa a la sazón, casi le da un soponcio.

Así es que la televisión en España fue en su nacimiento... lo que era el resto de España. Un nuevo centro emisor se inauguró en 1956 con las siguientes palabras ministeriales:

Hoy, día 28 de octubre, Día de Cristo Rey, a quien ha sido dado el poder de los cielos y de la tierra, se inauguran los nuevos equipos y estudios de Televisión Española. Mañana, 29 de octubre, fecha del XXXIII aniversario de la Fundación de la Falange, darán comienzo, de manera regular y periódica, los programas diarios de televisión. Hemos elegido estas dos fechas para proclamar así los dos principios básicos fundamentales que han de presidir, sostener y enmarcar todo desarrollo

en lugares imposibles, pero lo hacen así porque, como dice la canción, «no es necesario tener buena voz».

[8] El segundo mal es el del «figurín», razón por la que se discrimina a las presentadoras feas y se arrincona a las guapas en cuanto envejecen un poco.

futuro de la televisión en España: la ortodoxia y el rigor desde el punto de vista religioso y moral, con obediencia a las normas que, en tal materia, dicte la Iglesia Católica, y la intención de servicio y el servicio mismo a los Principios Fundamentales y a los grandes ideales del Movimiento Nacional.

El párrafo anterior no precisa de comentarios.

Pero, aun así, haremos uno; y es que la religiosidad oficial primaba sobre toda otra consideración. Mucho se ha repetido la anécdota (y aquí la vuelvo a repetir) de que durante la retransmisión de un encuentro de fútbol, un comentarista dijo: «¡Ojalá que marquemos un gol en la segunda parte!», a lo que el otro comentarista replicó diciendo: «¡Dios te oiga!».

Siendo los españoles tan amigos de chungas cómo somos, era inevitable que apareciera el mote para el invento. Y el primero —el de aquella época— fue «la tapada». Por él se conoció a la Televisión Española de aquellos años, pues la entidad se gastó una buena parte importante del presupuesto en la compra de chales para tapar con ellos los escotes de las presentadoras. Este dato casi no merecía la pena haberlo mencionado, porque ya los lectores se lo podrían imaginar.

(Mala noticia para los que recuerdan lo que cuento en el párrafo que sigue, porque significa que ya son viejecitos).

Las emisiones publicitaron uno de los puntos positivos del régimen: la formación de los Coros y Danzas de la Sección Femenina de Falange, que, a golpe de jota, revitalizaron nuestro folclore, algo que hoy en día muchos echamos de menos en medio del *reggaetón* que nos invade y debilita nuestras neuronas.

En 1958 se aumentaron las emisioncitas (no hay otro modo de llamarlas) hasta cubrir cinco horas diarias. ¡Hala! ¡Qué burrada! (O, al menos, así lo pareció entonces). Claro, que en agosto cerraban el chiringuito, pues ninguno de los empleados del nuevo ente iba a quedarse sin irse a comer su paella a Benidorm, como todo el mundo. (Bueno: como todo el mundo tampoco, porque muchos españolitos no podían ni salir de su barrio, por muchas vacaciones que fueran).

Con los años se amplió el horario (¡hubiera estado bueno que se hubiera reducido!). Cerca de las grandes ciudades se instalaron unos repetidores de señales que repetían las señales como deben hacer los repetidores de señales. (Escribimos esto así, porque nos pagan por palabras). También se pusieron estudios (Miramar) en Barcelona. Algunos (futuros) televidentes fueron tan optimistas que se compraron los receptores antes de que les llegara la señal.

Hubo emisiones memorables, como el reportaje sobre la visita de 1959 de un señor llamado Eisenhower, que decía ser el presidente de los Estados Unidos de América del Norte. Su visita se kinematoscopió y esta kinematoscopiación le dejó bien kinematoscopiado para los restos.

La boda del príncipe Juan Carlos con la princesa Sofía de Grecia también despertó interés... aunque mucho menos que el enlace del rey Balduino de Grecia con Fabiola. Los españoles ya tenían bien claras sus prioridades.

De algunos programas hay que estar orgulloso. Por ejemplo, del montaje televisivo en 1960 del drama de Reginald Rose *Doce hombres sin piedad*, del realizador Gustavo Pérez Puig, con doce primerísimos actores de la escena española (Jesús Puente, Pedro Osinaga, José Bódalo, Luis Prendes, Manuel Alexandre, Antonio Casal, Sancho Gracia, José María Rodero, Carlos Lemos, Ismael Merlo, Fernando Delgado y Rafael Alonso). Hoy, ni tenemos doce actores de esa talla, ni podríamos juntarlos, ni mucho menos pagar sus sueldos si los tuviéramos.

El rimbombante nombre de Prado del Rey correspondía en 1964 a un descampado cochambroso en Pozuelo de Alarcón. Aquellos estudios no tenían controles de realización, ni aire acondicionado, ni salas de descanso, ni lugares de ensayo y, muchas veces, ni papel higiénico en los lavabos. El estudio tenía una sola puerta, para controlar quién entraba y quién salía, y constaba de único plató, un telecine, una mesa de sonido y tres cámaras de video. Entre fijos y colaboradores, mil doscientas personas cobraban su sueldo (lo que es mucho más preciso que decir que mil doscientas personas trabajaban allí, porque muchos de ellos no daban golpe).

Los nombres de los sucesivos directores de TVE no los vamos a listar, porque no le sonarán a casi nadie y porque es un dato que se puede consultar en otros sitios, así es que no emplearemos nuestra tinta para imprimir que después de Fulanito López vino Perenganito Pérez, que lo hizo mejor que Menganito González, aunque peor que Zutanito Martínez. Además, casi nadie estaría de acuerdo con nuestras opiniones.

Los cineclubs sí fueron una gran idea. Eran salas con televisores en las pequeñas localidades. De esta manera, nuestra población rural pudo seguir los programas de televisión y los anunciantes consiguieron venderles a los campesinos sus lavadoras, sus aspiradoras y sus frigoríficos. (Y las aceitunas La Española, que eran como ninguna y estaban rellenas de rica anchoa).

PERSONAS

La televisión puso de moda un concepto nuevo: el de realizador, que sería, por así decirlo, el encargado de hacer un programa, tratara este de lo que tratara.

El cargo equivalía al de director más el de productor ejecutivo, más el del chico de los cafés. Este hacía de todo (hasta inventarse las noticias de los informativos cuando en el mundo no pasaba nada digno de mención). En el caso de una comedia, elegía a los actores, adaptaba el texto, ensayaba, dirigía, filmaba y montaba. Pero el mismo realizador, cuando se trataba de una gala, lo que hacía era seleccionar al ventrílocuo y asegurarse de que las bailarinas estuvieran de buen ver y tuvieran todas las cosas bien puestas en su sitio. Para los concursos, decidía el carácter y la dificultad de las preguntas, así como la cuantía de los premios. Un trabajo variado, como se puede constatar. Los directores de tragedias griegas para la televisión tenían el mismo rango profesional que los avistadores de chicas explosivas y hasta puede que estos últimos cobrarán más si se mostraban acertados a la hora de realizar su trabajo.

Hubo varios espacios dedicados al arte de Talía, como *Teatro Apolo, Gran teatro, Estudio 1* (que los jóvenes evitaban, pensando que era algo de estudiar y, por tanto, desagradable), *Primera fila, Teatro de siempre* (porque *Teatro de nunca* no tuvo éxito, ya que los productores no encontraron ninguna obra que montar) y *Platea* (subtitulada «*Teatro*» para aquellos que creían que una platea era una variedad de pescadito frito, de los que se comen por Andalucía).

Pero pronto se descubrió una panacea: la novela. Sí, porque los decorados de una obra teatral solo servían para la comedia de una semana, mientras que adaptando a la escena novelas bien largas de esos pesados novelistas rusos tan deprimentes podías emplear la misma escenografía durante meses. Por ello, en el programa sobre novelas titulado antiimaginativamente *Novela*, se hicieron versiones interminables de *Guerra y paz, Crimen y castigo* y otras cumbres de la literatura que la televisión nos obligó a escalar muy a nuestro pesar (las escalamos, porque no había otra cosa que ver en aquellos años)[9].

Pero ya nos meteremos con las series más adelante. Ahora estábamos hablando de personas, algunas de las cuales pasarían a ser verdaderas figuras míticas en la España de aquellos años, tan solo comparables —quizá— al Capitán Trueno o al Guerrero del Antifaz.

Narciso «Chicho» Ibáñez Serrador fue uno de los más conocidos realizadores españoles (aunque él era de Montevideo, pero los telespectadores no se dieron cuenta). Su rasgo más característico era que le repartía a su padre (Narciso Ibáñez Menta) los protagonistas de todas las comedias que realizaba. Se especializó en series de terror como *Tras la puerta cerrada* o *Historias para no dormir*,

---

[9] Es broma. Gracias a aquellos programas algunas generaciones de españolitos con una cultura literaria mucho mayor que la que hay en la actualidad sin necesidad de movernos del sillón.

en cuyas cabecera la cámara avanzaba indefectiblemente hacia una puerta por un pasillo lleno de visillos movidos por el viento, entre gritos siniestros y acordes musicales disonantes. Los pelos se te ponían de punta solo de pensar que, si el gobierno no cambiaba —algo que parecía a todas luces improbable—tendrías que ver aquello todas las noches de los jueves del resto de tu existencia.

Curiosamente, el hombre se descolgó con un producto más simpático: *Historia de la frivolidad*, un musical de emisión única sobre la pudibundez, pacatería y mojigatería peninsular.

Luego se dedicó a hacer concursos facilitos (*Un, dos, tres*) que tuvieron muy buena acogida, porque a todo el mundo le encanta la posibilidad de ganar mucho dinero de golpe y sin haber hecho nada por merecerlo. Había suculentos premios para concursantes de pocas luces que nunca habrían ganado nada en otros ámbitos menos exigentes. Los vieron veinte millones de españolitos, algo imposible hoy en día incluso para el *prime time* de todas las cadenas privadas juntas. Los que concursaban en ellos eran completamente felices por haber «salido» en la televisión. Daba igual que les hubieran preguntado por el nombre de pila de Cervantes y ellos hubieran contestado «¡Vicente!», haciendo así el más estrepitoso de los ridículos delante de toda su familia y amigos, por no hablar del resto de España. Quedaban contentísimos por haber participado.

Miguel de la Quadra-Salcedo fue otro célebre televisador, un aventurero que igual se peleaba con una anaconda en el Amazonas que soportaba que Neruda le leyera versos en directo (esto último, mucho más peligroso y desagradable). Con su programa *A toda plana* y otros parecidos logró cautivar la imaginación de los públicos, yéndose al Congo a contar las matanzas de por allí o entrevistando a Salvador Allende antes de su asesinato (hacerlo después habría sido más complicado pero entrañado más mérito), así como al depuesto Negus y a otros próceres de esos a los que se supone que todos deben conocer pero que nadie conoce. Por todo aquello le concedieron el premio de Quijote de Oro, algo que no está muy claro si es un elogio o una ofensa.

Resumiendo: al de la Quadra le cuadró el sensacionalismo, como lo demuestra el episodio de las monjas muertas, que les contamos para que ustedes vean.

Unos rebeldes congoleños que no tenían claro contra quién combatían (como les sucede a muchas otras guerrillas de por allá), asesinaron a unas pobres monjitas que se ocupaban en traducir al suajili los *Hechos de los apóstoles,* por ver si al menos alguien en África se animaba a leerlos. De la Quadra llegó al poco tiempo y metió en una caja las sagradas formas que había almacenadas en el convento para el caso de que el cura de turno se quedase sin gasolina en su todoterreno y no llegase a la misa del domingo. Se llevó las formas a Madrid y organizó una misa multitudinaria en la que los trabajadores de TVE comulgaron con ellas en una retransmisión que emocionó al país.

Félix Rodríguez de la Fuente fue un cazador arrepentido que, tras masacrar a algunos cientos de miles de lobos, se dedicó a cuidar con mucho cariño a los pocos que quedaban[10]. Sus programas *Félix, el amigo de los animales, Fauna* o *El hombre y la tierra* se emitieron incluso en países donde no había aún televisión y se popularizaron lo indecible, razón por la cual no lo decimos. Su potente voz de barítono de zarzuela era harto reconocible y te dejaba harto, tras escucharla todas las semanas durante todos los años. Sí es cierto que ilustró en detalle a sus compatriotas sobre las costumbres sexuales del escarabajo pelotero, incitando a la siesta a muchos millones de televidentes. El hombre se mató, lamentablemente (lamentablemente para él), en un accidente, cuando se marchó a Alaska a filmar una carrera de trineos y, en vez de ir en trineo, se empeñó en coger un avión.

José María Íñigo se hizo famoso principalmente por sus bigotes y por su espacio *Estudio abierto,* una imitación del programa estadounidense *The Tonight Show,* de Johnny Carson, lo que tenía

---

[10] Lo que le acarreó las iras de los pastores a los que los lobos les habían diezmado e incluso veinteado o treintaiado sus rebaños de ovejas.

especial mérito, porque Íñigo no había visto nunca el susodicho programa americano. En él se entrevistaba a gentes no famosas que no decían más tonterías que las que sí eran famosas, sino muchas menos. Fue un gran intento de democratización programativa.

Jesús Hermida fue el prototipo del corresponsal guaperas, aunque él era bastante poco agraciado[11]. Gran parte de su prestigio estribó en que vivía en Nueva York, lo que en aquella época era causa suficiente para ser considerado elegante y cosmopolita.

Se rodeó de chicas (o, por lo menos, luego se ha hablado mucho de «las chicas de Hermida»), pagadas por Televisión, y si algo hizo especial en sus años mozos, nosotros nos debimos de perder la emisión de aquel día, porque no se nos ocurre nada destacado que contar sobre él.

A Valerio Lazarov, más rumano que el conde Drácula, le había cupido (¿se dice así?) el honor dudoso de haber trabajado con Berlusconi, lo que le valió luego llegar a ser director general de Telecinco. Se especializó en programas musicales con *playback*, en los que los músicos tocaban guitarras eléctricas que iban sin cable y no estaban enchufadas a ningún sitio, y en la que la voz de los cantantes se seguía oyendo aunque en ese preciso momento tuvieran la boca cerrada.

Salían muchas chicas en paños menores, eso sí, pero la mayoría de ellas tenía ya una edad algo avanzada, por decirlo de una manera eufemística.

Alfredo Amestoy consiguió merecido reconocimiento con espacios cortos en los que se limitaba a sentarse tras una mesa, mirar a la cámara y decirles a los españolitos unas cuantas verdades en cinco minutos. Eran verdades a medias, por la censura, pero con todo, mejor que nada. Su entonación agresivo-sarcástica caracterizó su personalidad televisiva.

---

[11] Renunciamos a explicar esta peculiaridad de la *psique* femenina que ha venido calificando históricamente de «interesantes» a varones realmente feos como Humphrey Bogart o, en este caso, al susodicho Hermida.

Hubo más: muchísimos nombres, pero si los citáramos todos, el lector se aburriría de leerlos tanto o más de lo que nosotros nos aburriríamos de escribirlos, por lo que nos los saltamos alegremente. Realmente poco importa quién fuera el director de los programas deportivos: siempre ganaba el Real Madrid. Y en cuanto a los informativos, su nivel de veracidad todos lo conocemos, así es que no hace falta mencionar los nombres de los responsables de las milongas que nos han contado durante décadas.

Con la apertura y la transición, llegaron a Televisión Española la libertad y el mangoneo. Durante el franquismo, la ideología televisiva fue monolítica, pero con la libertad comenzaron las designaciones, desdesignaciones, redesignaciones y contradesignaciones políticas que fueron el día a día (y casi el hora a hora) de nuestra televisión. La lista de directores generales de Televisión Española durante esos años fue tan larga que pudo dar la vuelta a la manzana a los estudios.

Con la transición surgieron como hongos las emisoras autonómicas. La vasca Euskal Telebista y la catalana TV3 fueron las primeras en apuntarse a la orgía de las ondas. En 1989 se aprobaron las cadenas privadas, muchas de ellas privadas de buen gusto, como luego se pudo comprobar. Mencionamos Tele5, Antena 3TV y Canal Plus. Más tarde vendrían los canales digitales, el cable y vaya usted a saber qué más: un pandemónium o teledemonium de ideologías, cadenas refritantes, teletiendas y tarotistas en directo, aunque lamentablemente sin teatro ni buen cine.

Cuatro visiones de las televisiones

A la hora de tratar de la televisión y de su resonancia, nadie mejor que Eco[12]. A Umberto Eco, reputado semiólogo (o sea eso lo que fuere), se le deben dos puntualizaciones interpretativas sobre el cajatontismo. Son dos definiciones perspicaces de dos variantes distintas (pues si no fuesen distintas, no serían dos, sino una y la misma) del discurso de las ondas: las llamada paleovisión y neovisión, que, al paso que vamos, se van a quedar obsoletas como yo me quedé sin abuela. A lo mejor, cuando se publique este libro me doy cuenta de que no hacía falta haber escrito este capítulo, porque su contenido ya ha prescrito, y me arrepiento de haber trabajado en balde.

Tenemos, en primer lugar, la paleovisión, que algunos confunden con la peleovisión (emisiones de combates de boxeo, tertulias de famosillos que se insultan y esa parte de las noticias dedicada a las guerras que están de moda en ese momento). No es eso. 'Paleo' quiere decir «antiguo». ¿Qué es la paleovisión, entonces?, nos preguntamos. Pues Eco nos contesta que es algo ya *demodé*. La paleovisión era —dice— simplemente una ventana o escotilla por la que asomarse al mundo y ver qué cosas pasaban allá afuera. Era solo un medio de contar lo que sucedía, como en un periódico de aquellos que usábamos para limpiar los cristales, pero sin crucigramas. Esa televisión solo hablaba del mundo exterior, describía la realidad y ya. Era un supuesto canal comunicativo que lo haría mejor o peor, pero que no pretendía añadir ni quitar supuestamente nada. Se contaban en él las cosas como si la televisión no estuviese

---

[12] Este chistorro tan pigre no lo hemos hecho a posta. Nos ha salido así sin querer.

36

presente. Se hablaba en tercera persona y solo se pretendía informar, formar y entretener. Tenía una vocación pedagógica (¡huy, qué feo suena esto!).

Funcionaba por bloques, separaba por géneros, diferenciaba ficción de publicidad y se suponía que era un servicio público (por eso era tan mala: no es de sorprender).

Y luego aparece la neotelevisión (que le mete a la otra un tantaratán y la desplaza), donde se erosionan las fronteras entre algo y su contrario, desplegando un hibridismo de tres pares de megahercios.

No se pretende en ella la referencialidad, sino la autoreferencialidad; o sea, en román paladino y para entendernos: el mundo de la televisión es otro, es un universo aparte y está dentro de la «tele» propia. A la realidad exterior le pueden ir friendo un paraguas.

Esta televisión habla de sí misma, no de otra cosa. En ella el espectador es el protagonista, el «héroe del espectáculo» que participa en *realities, talk shows, infotaintments* y otras siniestras formas de hacerte perder el tiempo.

Siempre que alguien famoso dice algo útil le salen imitadores debajo de las piedras, por lo que enseguida aparece un tal Carlos Scolari a meter baza y silencia a Eco implementando la noción de hipertelevisión, que incluye la interactividad de la televisión con las redes sociales, la fragmentación arbitraria de las pantallas, los textos escritos (con erratas) que se pasean por la parte superior o inferior del rectángulo, la aceleración de movimientos, la reducción del tiempo del plano y el suministro de imágenes por parte de los espectadores (que envían vídeos de los asesinatos callejeros que han grabado desde los balcones de sus casas), así como la posibilidad de que los ciudadanos de sofá (no de a pie, porque esto les pilla sentados) manden mensajitos a los programas para participar de alguna manera en ellos.

Esto lleva a otro concepto más (y le prometemos al lector que, tras este, pararemos y no hablaremos de ninguna otra cosa; ya hemos abusado bastante de su paciencia): la metatelevisión, un receptáculo de intertextualidad desenfrenada. Programas sobre programas, programas previos a otros programas, repetición de los mismos programas, imitación de los otros programas, personajes que saltan de una series a otras, gentes que viven solo de aparecer como invitados famosos en concursos de televisión como si se hubieran hecho famosos por haber hecho algo en algún otro sitio (cosa que no han hecho), mezcla aleatoria de cómics y videojuegos con otros géneros, convergencia mediática y, en definitiva, un follón de todos los diablos televisivos.

La mala noticia es que la televisión no muere; al contrario: muta para adaptarse en tiempo real al mundo digital y del *Homo movilis* (también llamado *Homo celularis* en Hispanoamérica) —el que vive sofronizado por este dispositivo—, para que, por mucho que lo intentemos, no podamos ya jamás renunciar a más y más horas de televisión ni mucho menos a quitarnos de encima esta herramienta mágica que tan excelentes resultados le está proporcionando al actual totalitarismo alienador.

La buena noticia es…

Me temo que no hay ninguna buena noticia.

ARTÍCULOS PERTINENTES

Franquismo y consignas televisadas

El paternalismo de la dictadura franquista empleó la televisión como medio ideal de enseñanza o adoctrinamiento, como queramos llamarlo. Fueron varias las campañas de consignas machaconas con las que aquel régimen pretendió aconsejarnos a los españoles para que «viviéramos mejor».

Bien es cierto que todos los gobiernos posteriores han continuado con estas campañas, que pueden ser positivas, como la de la Dirección General de Tráfico aconsejándonos que no conduzcamos cuando estemos borrachos perdidos, la que explicaba que «Hacienda somos todos» a los que creían que los impuestos no iban con ellos, aquella tan escandalizarte para algunas abuelas de «¡Póntelo, pónselo!» para minimizar los contagios de enfermedades de transmisión sexual, las que nos enseñaban geografía como «Teruel existe» u otra aún mejor: «¡Él nunca lo haría!» para disuadir a los canallas que cuando se marchaban de vacaciones abandonaban a sus perros en las gasolineras de las autopistas.

Pero el caso es que los eslóganes de los sesenta y setenta tienen una calidad especial: son consignas *vintage*, por así decirlo, y aquí nos apetece recordar y comentar unas cuantas.

Para contrarrestar el proverbial amor hispano a los sillones y a los sofás, el estado falangista lanzó a las ondas la estimulante frase de «¡Contamos contigo!». La pregunta que los que ya vivíamos entonces nos hicimos de inmediato fue: «Cuentan con nosotros, sí; pero ¿para qué?». Aquello sonaba a «Estás ahí; te tenemos localizado; más te vale ser de los nuestros; que ni se te pase por la cabeza ser de los otros o actuar de forma diferente».

Solo más tarde, gracias a la apostilla de «¡Vive deportivamente!», nos enteramos de que lo que supuestamente se pretendía de nosotros, los españolitos de a pie, era que lleváramos una vida más sana mediante la práctica del ejercicio físico. Con todo (y con ser la gimnasia y el deporte beneficiosos para la salud), aquello no dejaba de tener ese tufillo totalitarista que quería ciudadanos adictos a las demostraciones de fuerza, a la disciplina, al culto al cuerpo y a otras cosas parecidas que tantas veces derivan hacia el militarismo, que en aquella época tenía tan buena prensa. En un mundo sin los gimnasios de hoy, el ejercicio físico tenía —para los jóvenes sobre todo— las connotaciones de aire libre, campamento, compañerismo, jura de bandera, juventudes fascistas, etc.

Y si el propósito estatal no era fomentar todo eso, pues lo parecía mucho.

*

También, con el pretexto de mirar por nuestra salud, se promocionaban productos alimenticios según los intereses económicos de algunos. Claro, que nadie tenía porqué objetar, por ejemplo, a «Todos los días, un plátano. ¡Por lo menos!», conducente a favorecer el consumo de este excelente producto canario. Pero también las naranjas son muy sanas y están muy ricas, y ningún ministerio se preocupó nunca de promocionarlas.

Parecida a esta hubo otra consigna televisada que parecía casi un insulto a la inteligencia del espectador. Decía literalmente: «Yo sí, yo sí como patatas».

Ahora bien: las patatas ya nos gustaban mucho a los españoles y las consumíamos en grandes cantidades y con deleite (el plato nacional por excelencia nunca fue la paella valenciana ni el cocido madrileño, sino los huevos fritos con patatas en todo el país). Pero los gobernantes querían que comiéramos más patatas todavía, por alguna razón de cultivo y abastecimiento que ellos se sabrían. Como fuere, el caso es que la población obedeció y se puso de fécula hasta arriba.

*

La instrucción principal que se nos dio en aquellos años a través de nuestros receptores fue aquella de «Adelante por la izquierda; circule por la derecha», lo que equivalía a llamarnos tontos a todos los españoles con carnet de conducir, porque se suponía que esta regla ya la sabríamos si habíamos aprobado el examen y no era necesario que se nos repitiera.

Por ello, se le buscaron sentidos ocultos a la norma y todos llegamos a la conclusión de que cuando se nos instaba a que permaneciéramos en la derecha, no se nos estaba hablando de por dónde circular, sino que con aquella orden se nos indicaba otra cosa.

Ante estas recomendaciones, el ingenio español tomó cartas en el asunto y se dispuso a matizar, retocar o incluso subvertir los mensajes que el franquismo volcaba sobre nosotros daba. El genial humorista Perich añadió una especificadora coletilla a uno de ellos que pretendía reducir los incendios forestales. El mensaje rezaba así: «Cuando un bosque se quema, algo suyo se quema». El humorista catalán lo completó con «señor conde». El regocijo ante esto fue general y todo el país celebró aquella crítica valiente a la aristocracia y a sus riquezas y privilegios.

*

Pero la frase que más impactó a la sociedad del tiempo y que más continuidad ha tenido —de manera que sus efectos llegan hasta nuestros días— fue «España es diferente».

Esto cumplía varios propósitos: justificaba que no tuviéramos la misma forma de vida de otros países europeos y era, de alguna manera, una afirmación patriótica que nos incitaba a estar orgullosos de nuestra idiosincrasia.

Turísticamente hablando, era un acierto, pues ponía en valor los aspectos que tanto gustaban a los extranjeros (el sol español, las playas y las tapas de los bares). En lo político, como hemos dicho, explicaba muchas carencias y muchas anomalías. Pocas veces la televisión ha sido tan útil a un régimen.

Cuestiones sociologicomorales

Aquí tomaremos en consideración algunos aspectos relacionados con la sociología televisiva en el más perfecto desorden. ¿Por qué? Porque la sociología va de la gente e intentar ordenar las cosas que afectan a los humanos es tarea ímproba. Así es que iremos saltando cangurescamente de un aspecto a otro sin preocuparnos ni mucho ni poco por lo que salga[13].

A la televisión se la ha llamado «monstruo devorador de la atención humana» e incluso «opio del pueblo», pero sobre todo «lavadora de cerebros». Todo ello es verdad. Y a estas metáforas se podrían añadir otras también electrodomésticas, como «aspiradora del buen gusto», «tostadora de la personalidad», «plancha de laboriosidad», «microondas del tópico», «batidora de la voluntad», «horno de la personalidad» y otras por el estilo.

Porque, ¡señores!, es innegable que su contemplación nos aplatana y garbanciza, haciéndonos con cada emisión más vulgares y más apáticos. No tendría que ser así; podría este invento ser el mayor ilustrador y benefactor de la sociedad, pero lamentablemente no ha sido ese el caso. Con la excusa de que «el público lo pide», se nos ofrecen muchos contenidos lamentables que no ayudan a que la sociedad vaya mejor. Hay algunos elementos buenos, es cierto, pero en general es un instrumento desaprovechado o malaprovechado.

Ya Groucho Marx había incidido en el poder cultural y culturizador de la televisión: «La televisión es muy educativa. Siempre

---

[13] Aquí encaja a la perfección esa famosa anécdota del pintor que al preguntarle quién era la persona de la que hacía el retrato, contestó aquello de «Si sale con barba, san Antón y, si no, la Purísima Concepción».

que alguien la enciende en mi casa, me voy a la habitación de al lado a leer un libro», dijo.

Como todo en esta vida, la televisión tiene sus ventajas y sus inconvenientes. Una parte positiva es que te permite ver los penaltis en los partidos de fútbol, mientras que en los estadios todos se ponen de pie y nadie ve nada. Igualmente, nos muestra de cerca la cornada que recibe el torero en el ruedo, saciando así nuestro morbo (porque todos los asistentes a las corridas esperan inconscientemente pero con ilusión el momento de la cogida: esto es un hecho comprobado). Podemos ver la cabalgata de los Reyes Magos en zapatillas, en vez de hacerlo de pie y con frío en la calle por donde pasa. La televisión ha popularizado deportes como el baloncesto o el tenis, a los que antaño nadie prestaba atención. En este campo es palmariamente útil y no seremos nosotros los que nos opongamos.

En cambio, un aspecto muy negativo de la caja tonta es la publicidad[14], pues casi todo lo que esta nos dice es mentira y nunca nos da tiempo de leer la letra pequeña de los anuncios. Con estímulos pavlovianos y muchas veces subliminales se nos encadena a nuestros propios sofás y se nos insta a regalar perfumes por Navidad y a comprarnos muchos objetos que no solo no necesitábamos, sino que ni siquiera sabíamos que existían y sin los cuales habíamos vivido perfectamente bien hasta el momento.

La omnipresente publicidad marca las modas y las modas no son —seamos sinceros— sino un mecanismo de manipulación económica destinado a que alguien le saque mucho dinero a algunos millones de incautos. Ejemplo al canto: cuando el fabricante de botas militares ya les ha colocado su producto a todos los ejércitos, pone de moda que las jovencitas también lleven unas botazas enor-

---

[14] Para los que hacen televisión, esta consiste únicamente en ella (la publicidad). Los programas son un mal necesario, un mero gancho para que el espectador no desconecte y siga viendo anuncios.

mes y feísimas (las que lleva Rambo) y así amplía enormemente su mercado.

Y los genios de la publicidad consiguen esto haciendo algo muy difícil: vender productos mediante un mensaje contradictorio en cuya contradicción nadie parece reparar. Por un lado te convencen de que tú eres especial y te mereces algo exclusivo y luego logran que todo el mundo consuma los mismos productos, vista igual y haga lo que hacen todos. *Chapeau!*

El influjo televisivo es enorme. Para empezar, en lo lingüístico. Una panda de indocumentados culturales que trabajan en los platós en diversas categorías laborales torturan a la pobre lengua española y popularizan de un día para otro todo tipo de barbaridades léxicas. Últimamente les ha dado por los reflexivos redundantes (por ejemplo, «se autoconfinó», que es equivalente a decir «se autosuicidó» o «se autolavó la cara tras autocepillarse los dientes») y por el uso de la pasiva («en este incendio más de quinientas hectáreas han sido calcinadas», lo que parece indicar que el hecho no fue fortuito, sino que las quemaron a posta). Por no hablar del océano de anglicismos en el que nos ahogamos cada día un poco más, especialmente en los anuncios, por lo que al final no sabemos muy bien lo que estamos comprando.

El tratamiento de las imágenes es igualmente chapucero. Si de una noticia importante no existe una imagen, simplemente la noticia no se da y ¡aquí paz y después gloria! Si se tienen imágenes proporcionadas por aficionados, se emiten aunque estén borrosas o filmadas en vertical[15].

En cuanto la información de las cosas que pasan, o sea: las noticias, realmente nos toman el pelo. Noticia es lo que se sale de lo corriente (el transeúnte que muerde al perro, según el ejemplo

---

[15] La gente pasa doce horas al día viendo la televisión en una pantalla horizontal y cuando graba con su teléfono la paliza que le están dando a alguien en su calle o la erupción de un volcán en medio de la plaza del pueblo —con la intención de venderle la grabación a la televisión—, lo hace poniendo la cámara en posición vertical. Luego nos queremos llamar *Homo sapiens.*

típico) o el suceso que va a cambiar algo en el mundo por haber sucedido. En lugar de eso se nos cuentan crímenes. Y un crimen es una tragedia, pero en absoluto es una noticia, porque suceden todos los días en todas partes del mundo y nada cambia por ello. Se nos entretiene también con jerarcas que llegan en avión o con la noticia de que, como estamos en agosto, hace calor.

Resumiendo —que se hace tarde y tengo que ir a comprarme un yate y me van a cerrar la tienda—: la televisión podría haber sido el mayor instrumento de avance social y ha decidido no serlo.

Lejías del futuro

(Precioso cuento de ciencia-ficción que unos publicistas desaprensivos me han plagiado indecentemente).

El radiófono implantado comenzó a latir en las sienes de Hyxtrop-φ, dejándola con dolor de cabeza.

—¡Otra vez! —protestó—. Tengo derecho a tomarme mi refrescola en paz. Dispongo de cinco microcronos de asueto. Está en el Convenio del Oficinado.

Muy a disgusto se levantó y salió de la Colería para dirigirse al Módulo Axial 3.H.

Cuando llegó a su cubículo de laborización, su IM o Inmediato Monitorizador la estaba esperando.

—Mi querida Hyxtrop-φ —le dijo—. ¿Puedo llamarla solo Hyxtrop? Es más amistoso —aclaró. Y, sin esperar la respuesta, continuó—: Tenemos un caso de macrourgencia de nivel 6 que requiere su atención. Implica una cronosalida, con derecho a dietas.

—¿No puede ir Lekor-π en mi lugar?

—No; me temo que para este misionado necesitamos a nuestra mejor agente y esa es usted.

—Gracias por la coba, IM —respondió Hyxtrop-φ—. Dígame de qué se trata.

—Habrá de cronotransportarse al pasado. Concretamente a la coordenada temporal 2756649048.MK765, que equivale a inicios del centurio XXI. Hemos detectado un conflictismo concreto. Ya sabe usted que la finalidad de nuestra Organización es modificar imperfeccionamientos del pasado, para asegurar un futuro viable y la continuación...

—Conozco la Normatización, IM. No es necesario que me recuerde mi obligación laborativa —repuso con brusquedad Hyxtrop-φ—. ¿Cuál es la situación que tanto nos perturba?

El IM fue derecho al grano:

—Hay una laboradora hogaril o ama de casa a la que la colada no le queda bastante limpia. Usted deberá cronotransportarse allí y proporcionarle el higienizador lejíico que necesita para que sus ropas queden lo suficientemente blancas. ¿Cree que podrá hacerlo?

—¡Por Seldon! Sí señor.

—Se trata de ayudar a una hembroide con problemas. Dado su interés en la defensa de su género, su activismo y su afiliación al Partido Hembrista, pensé que querría encargarse usted misma de este misionado.

—Gracias, señor.

—Partirá de inmediato y solventará el problema. Quiero un chipinforme del resultado de su viaje, encima de mi mesa, mañana por la mañana.

—Lo tendrá, señor. Descuide.

Hyxtrop-φ se dirigió a la entradera, la abrió y se dispuso a salir.

—Una última cosa, Hyxtrop-φ —añadió el IM—. Por lo que sabemos, esa época era bastante salvaje. Observe los precaucionismos habituales. Nada de heroicidades. Limítese a realizar la misión en el menor cronomargen y salir enseguida de allí. No quiero perder a una de mis mejores agentes.

—Gracias, señor. Le aseguro que mantendré mi índice de defraudamiento al nivel mínimo.

Kant y la telecochambre

NOVELA

Era un soleado día de agosto; las rosas florecían, las gallina ponían huevos y las cigüeñas contemplaban desde el campanario el paso de las carretas ante la puerta de la iglesia. Un suave aroma de pan recién cocido salía de la tahona de la bonita localidad de Könisberg.

Immanuel Kant, sentado en el porche de su casa en su vieja y querida mecedora de roble, encendió su pipa y pensó en...

(¿Cómo? ¿Que no se trataba de escribir una novela costumbrista? ¿Que lo que había que escribir era un ensayo sociológico-filosófico? Bueno. Empezaré otra vez.)

ENSAYO

En su libro *Filosofen von zur cuestionesenzialen* (Wenhausen Editoren, Leipzig, 3ª ed., 1947, págs. 51-52 y muchas más de las siguientes), Otto Dumm sintetiza con precisión la filosofía kantiana y nos hace adentrarnos en la problemática del filósofo. Cito:

> Las mentes privilegiadas extraen temas de profunda meditación de las cosas más nimias. Kant, tras pasar varias horas ensimismado en la contemplación de una araña que tejía su tela en el rincón de las escobas de su cocina, se formula cuatro preguntas esenciales: ¿Qué puedo saber? ¿Qué debo hacer? ¿Qué puedo esperar? ¿Qué es el hombre? A ellas responden respectivamente la epistemología, la ética, la metafísica y la antropología.

Esto lo dice Dumm, que es tonto. Yo no creo en la necesidad de epistemologías y gaitas. La respuesta a todo se halla en la televisión, verdadera escuela de humanidad, que nos enseña las interioridades de ese prodigio evolutivo, mitad ángel y mitad bestia que es el hombre (NOTA: No juraría que fuera esta la proporción).

Estoy hablando de los *realities*, claro, que es todo lo que se necesita para poder responderle a Kant sobre los grandes interrogantes de la naturaleza humana y conseguir que nos deje en paz de una vez.

Reflexionemos sobre esos programas televisivos consistentes en meter en una casa o en cualquier otro sitio a una panda de energúmenos sedientos de fama y dinero, y ver luego lo que pasa.

(ADVERTENCIA PARA EL FUTURO: *Aparte de lo que ahora signifiquen esos programas, nos parece peligrosísima la trivialización del hecho de que nos espíen las cámaras. El terrible concepto orwelliano de la novela 1984 —un mundo vigilado— que tanto aterrorizó en su día al personal se convierte para las generaciones jóvenes en algo lúdico, divertido y, sobre todo, aceptable y aceptado. Esto llevará a nuestros nietos a dejarse insertar un «chip» de localización.)*

Sigo.

¿QUÉ PUEDO SABER?

Evidentemente, se puede saber bien poco, a juzgar por el nivel de los concursantes de estos programas. Sin embargo, en España hay una escolarización obligatoria. ¿O no? ¿Qué pasa entonces? ¿Incumplen los maestros? ¿Existe un blindaje genético que impide a especimenes concretos aprender, por ejemplo, a hablar el propio idioma de forma inteligible? Tenemos entendido que a los concursantes se les prohíbe llevarse libros o revistas. Pero esta regla es superflua. No lo habrían hecho de todas maneras.

¿QUÉ DEBO HACER?

Estos concursos tienen un sistema eliminatorio por votación popular. En cualquier planeta civilizado se eliminaría primero al peor: al más vil, al más antipático. Aquí no. La experiencia demuestra que siempre quedan finalistas y ganadores aquellas personas con peor fondo, que más insultan, critican y acuchillan por la espalda a sus compañeros. Esto es un hecho. Tal conducta conduce a la fama y al dinero, y sirve de ejemplo para millones.

¿QUÉ PUEDO ESPERAR?

Tendremos un mundo con gente más mala debido a la idealización y exaltación de los aspectos depredadores de nuestra especie. Estamos creando un mundo de antihéroes. El más canalla gana (y a todos les parece muy bien que sea así.)

¿QUÉ ES EL HOMBRE?

Si quisiéramos ponernos chistosos, apuntaríamos el hecho de que, viendo la palmaria gayez de la mayoría de los presentadores de la televisión, nunca podremos saber con certeza qué es el hombre. Pero no lo apuntamos, porque no queremos molestar a nadie.

Y hablando en serio (y como corolario inamovible de lo que estos programas nos enseñan) diré, remedando a un famoso cantable de zarzuela (¡Qué útiles resultan las zarzuelas!, ¿no?):

> El humano e' un bisho mu' malo;
> no lo mata ni piedra ni palo.

Cosa que, por otra parte, ya sabíamos, mucho antes de que apareciera Kant a liarla.

Los hijos de la televisión

Queramos o no aceptarlo, los televidentes somos otro producto televisivo más en lo que se refiere a nuestras costumbres y a nuestra moral.

Los mensajes que se nos envían a través del aparato son más efectivos que las enseñanzas de todos los socrateses, los platones, los buddhas y los confucios de este mundo, pues determinan radicalmente cómo vemos las cosas. Y —triste es reconocerlo— el resultado de su mangoneo es altamente negativo. Pondré algunos ejemplos de cómo los *slogans* nos manipulan psicológicamente, creando en nosotros una cosmovisión específica y modificando nuestra personalidad.

Si se nos dice que «Rexona no te no te abandona», queda implícito que los otros sí lo hacen. Te paras, reflexionas y recuerdas a los familiares que no te quieren, a quienes te han dado calabazas románticas, a los amigos traidores, etcétera. ¿De qué te puedes fiar en este mundo? ¿Quién te será leal? Nadie, salvo tu desodorante[16].

«¿A que no puedes comer solo una?», nos desafía una conocida marca de patatas fritas, como burlándose de nuestra escasa (o nula) fuerza de voluntad. Ahora bien: si pudieras dejar de comer las papas al poco de empezar, el asunto no tendría importancia. Pero la realidad es que *no puedes* (y lo sabes), por lo que se te está recordando con el anuncio que eres un pelele sin autocontrol, un esclavo de tus pequeñas pasiones. Ellos quieren que consumas un producto

---

[16] Bueno: también te puedes fiar del algodón. Porque Tenn asegura que «El algodón no engaña», mientras que, obviamente, los otros procedimientos sí lo hacen y cuando se te dice que «Ariel lava más blanco», puedes estar seguro de que es mentira.

y ya te dicen de antemano que no podrás dejar de hacerlo. El efecto de esto sobre tu autoestima es demoledor[17].

Otro *slogan* harto deprimente es el siguiente: «Hay cosas que el dinero no puede comprar. Para todo lo demás, Mastercard». Si eres rico, te angustian recordándote que hay muchas cosas que están fuera de tu alcance. Y si eres pobre y ni siquiera tienes un Mastercard con muchos fondos gastables, entonces te hunden profundamente en la miseria, porque aunque LG te jure que «*Life is Good*», tu vida seguirá sin parecértelo.

En lo referente a insultos a tu inteligencia y a decirte sutilmente que eres un bobo al que hay que explicarle desde cero las cosas más simples, nada como aquel lema de los pescados congelados de Pescanova que te recordaba la obvia verdad de que «Lo bueno sabe bien».

Un lema publicitario que te hace plantearte muchas cosas es aquel del perfume Old Spice, que decía algo así como «Si tu abuelo no lo hubiera usado, tú no existirías», lo que implicaba que tu abuelo consiguió llevar al catre a tu abuela porque esta quedó seducida por lo bien que olía él. Es una imagen mental que muchos querríamos no haber tenido. Además, creemos que el *slogan* habría sido más eficaz en su forma positiva: «Si tu abuelo (sí) lo hubiera usado, tú no existirías», para una marca de profilácticos.

A los jóvenes parados o con trabajos mal remunerados también les resulta harto deprimente el consejo de «Vuelve a casa por Navidad», de El Almendro, porque les obliga antes a independizarse y a abandonar el hogar paterno aunque no quieran, para poder regresar a él en esas fechas u otras.

También se les crean sentimientos de culpa a aquellos que no cumplen las obligaciones que les impone su religión, cuando se les

---

[17] Otras marcas (Pringles en este caso) copian esta afirmación de nuestro pelelismo y de nuestra incapacidad de evitar las adicciones, diciéndonos aquello de «Cuando haces pop ya no hay *stop*». El hombre no será nunca dueño de su destino.

recuerda que incluso «Las muñecas de Famosa se dirigen al portal», mientras que ellos no lo hacen.

Algunas firmas nos dejan patente que somos básicamente unos pringados. Creíamos que todos los productos eran buenos y ellos nos dicen que los listos tienen un mundo aparte con productos diferentes y mejores. Por ejemplo: nosotros estábamos convencidos de que todos los maquillajes servían a su propósito de ocultar las imperfecciones de nuestra piel, pero Max Factor no revela que ellos tienen «El maquillaje de los maquilladores», porque ellos sí saben muy bien la verdad y nunca untarían su cuerpo con cualquier mejunje nocivo hecho para consumo de los no maquilladores (que son la inmensa mayoría de la humanidad).

Un mensaje altamente contradictorio que despista bastante es el de L'Oreal, que me impele a que compre su carísimo producto… ¿por qué? «Porque yo lo valgo». Es decir: como tú eres algo especial, te mereces lo mejor. Hasta ahí, bien. Pero como el anuncio va dirigido *a todo el mundo*, resulta que todos somos especiales y tenemos que marcar nuestra personalidad rociándonos con su colonia. Consecuentemente, el mensaje acaba diciendo la siguiente incongruencia: «Sé diferente: haz exactamente lo mismo que lo que hacen todos los demás».

La falsa sensación de poder que se te quiere transmitir queda bien reflejada en el eslogan de IKEA: «¡Bienvenido a la república independiente de tu casa!», lo que parece indicar que, al menos dentro de ella, tú eres el amo. Pero no es así. El mueble que te compres no lo puedes montar a tu antojo, sino solo obedeciendo al pie de la letra las instrucciones. Si al final resulta que te sobra un tornillo, ten por seguro que el mueble se desintegrará indefectiblemente en un futuro próximo. Así es que a ti te queda muy poco sobre lo que mandar.

Las que nos mandan son ellas, las empresas. No solo nos dicen lo que nos tenemos que creer («Es La Española una aceituna como ninguna»), sino también lo que tenemos que hacer. Nos ordenan cuánto tiempo exactamente tenemos invertir que cepillarnos los dientes («Y después de las comidas, dos minutos Profidén»), qué parte nos tiene que gustar más de la *pizza* que nos comamos («El secreto está en la masa»), cómo deben ser nuestros modales en la mesa y qué podemos permitirnos («KFC: para chuparte los dedos»), para qué tenemos que interrumpir nuestro trabajo («Tómate un respiro: tómate un KitKat»), en qué hemos de poner nuestra mente («Piensa en verde») y hasta qué actitud debemos tomar ante los problemas que nos plantea la vida (*«Impossible is Nothing»*).

En resumen: estamos condenados a obedecer: hemos de fiarnos de El Caserío, disfrutar la fruta aunque no nos guste, alegrarnos cuando comemos con Isabel, reírnos al acordarnos de cuando bebíamos agua, enriquecer todo lo que cocemos, ser gente encantadora si nos hemos comprado un Citröen, decir a todo «¡a mí plin!» si dormimos en Pikolín y marcharnos indignados de los restaurantes si no tienen gaseosa La Casera.

Y para que nos hagamos idea de cómo va el mundo, consideremos que los dos *slogans* más extendidos y famosos llaman al hedonismo por encima de cualquier otra consideración: *«Just Do It»* (Nike), hazlo. ¿Por qué? *«I'm Lovin' It»* (McDonald's), porque me gusta mucho.

O sea: haz exactamente lo que te dé la gana.

Cómo salir en televisión sin hacerse famoso[18]

El lector, con su conocida bondad, me permitirá la pequeña vanidad de contar mis experiencias en medio de ese medio.

Lo de no hacerse famoso me ha pasado a mí, que he aparecido en cantidad de programas y no me conoce ni Dios.

Lo primero, una pregunta: ¿cómo puedes aparecer frecuentemente en la «tele» y que no te vea nadie?

Es fácil: haciendo como yo, que solo salgo en programas culturales y literarios. Ya he hecho muchos, principalmente en La 2 y, por lo general, hablando de temas relacionados con filosofías, religiones y literaturas orientales. Uno de aquellos espacios se llamaba, muy acertadamente, «La aventura del saber», porque en este país, molestarse en querer saber algo es ciertamente una aventura, reservada solamente a los más osados. Estos programas los ven todos aquellos que, estando ya despiertos los sábados a las siete de la mañana, ni se bañan ni desayunan, ni tienen ninguna otra cosa mejor que hacer a esa hora.

También he asomado la gaita en otros programas: tertulias literarias, programas de libros —hablando de los míos— y cosas así, en horario de madrugada, claro está.

Hay que tener cuidado con el canal en el que sales. A veces me sucede que hago un programa para una productora rara. Les pregunto: «¿Por qué canal se emitirá?». Y me dan explicaciones confusas. No es para TVE. Ni para Tele 5 ni Antena 3, ni la Cuatro, ni la Sexta. ¿Entonces, para dónde diantres? Pero te aseguran que tienen mucha audiencia mundial, aunque algo desperdigada. Me olvido del programa y, meses después, a las tres y cuarto de la

---

[18] Habla el autor del libro. (¿Quién iba a hacerlo, si no?).

57

madrugada, me llama por teléfono un amigo del colegio al que no veía desde hacía cuarenta años y me dice: «¡Te estoy viendo! ¡Estás saliendo ahora mismo en Tele Huesca!».

Podría citar (y cito) varias curiosidades que me han llamado la atención sobre las interioridades de este medio.

Por ejemplo: todos los técnicos son jovencísimos. Evidentemente, contratan a los que dejan la carrera de Comunicación Audiovisual tras suspender en el primer año. Porque son tan jóvenes que es obvio que no han tenido tiempo de estar los años suficientes como para acabar los estudios.

Hay muchos realizadores argentinos. No es que yo objete a esto, entiéndanme; a mí me parece muy bien. Pero los hay. O, si no son argentinos, hablan con acento argentino, quizá para demostrar algo.

Las cámaras tienen una cualidad mágica: mejoran y empeoran lo que enfocan a voluntad de los que las manejan. Así, los actores y actrices que parecen tan guapos en el cine, en la televisión tienen una piel asquerosa: llena de granos, de surcos, de arrugas. Sin embargo, los decorados que vemos en la pequeña pantalla nos parecen nuevos y flamantes, aunque cuando los contemplas de cerca te das cuenta de que están hechos un asco: rotos y desvencijados. Pero luego, en la cámara dan muy bien. (La explicación de esto es que los decorados son suyos y quieren que luzcan, mientras que los actores suelen pecar de divismo y los de la «tele» se vengan así de ellos).

Allí, la gente más simpática, con diferencia, son las maquilladoras. Guapas y amables siempre. La única duda que te plantean es por qué las esponjitas que usan son indefectiblemente triangulares, como cuñas. ¿Por qué no redondas o con forma de paralelepípedo? Es un misterio del cosmos. Como fuere, desde aquí un beso muy fuerte para todo el gremio.

El minutaje está controladísimo. «A ver: explique usted, mirando a cámara, seis sistemas filosóficos en ocho minutos justos. Tenga en cuenta que, si se pasa de tiempo, cortaremos las frases que nos parezcan más adecuadas, sin pensárnoslo demasiado. Luego, si el resultado es incoherente, no se queje».

A los que mandan, organizan y cortan el proverbial bacalao en televisión les gustan todos los anglicismos menos uno: *'catering'*. Ese no lo conocen. Muchas veces no te ofrecen ni agua antes de salir en antena y, como no tienes tiempo de buscar la cafetería, bebes directamente a chorro en el lavabo.

No te puedes llevar nada a la «tele», objetos, libros... nada. ¿Que por qué? Porque desaparece rápidamente. Por ello, en los platós no hay absolutamente nada, salvo mucho cartón. Cartones enteros sacados de cajas de leche Puleva en *tetrabrick*, que se emplean para recortar las luces de los focos. (Sé que no me creerán, pero esto a veces es así).

Los programas culturales hay que hacerlos gratis o casi. Se supone que cualquier hijo de vecino está deseando aprender mucho en esta vida hasta llegar a dominar un tema para, de esta manera, un buen día, preparárselo, ensayar, ir a la peluquería, pedir un día libre en el trabajo, madrugar, bañarse, vestirse, desplazarse, esperar, maquillarse, esperar de nuevo, grabar un programa e irse a su casa sin cobrar un duro y, además, quedarles agradecido por haberle dejado estar allí.

Quizá no se crean tampoco esto, pero hay programas para los que solo se cuenta con *una* cámara. O sea, que si el formato tiene presentador e invitado sentados ante una mesa y charlando, primero se graban todas las preguntas de uno y luego, con la misma cámara puesta en otro sitio, todas las respuestas del otro. Se podría decir que es esto algo tercermundista, si no fuera porque en el Tercer Mundo hace ya tiempo que no ocurre. Luego, sucede lo que sucede: «¿Cómo se llama usted?», pregunta uno. «Por mi reloj ya son la siete y media pasadas», responde el otro (y es que se han equivocado en la sala de montaje al intercalar las tomas).

Puede que si leen este escrito no me vuelvan a llamar nunca de televisión. Pero, para lo que se saca en limpio...

No debería decir esto, pues mermará del todo y para siempre mi prestigio, pero lo máximo que me han pagado nunca en televisión por intervenir en un programa cultural han sido 17 000 pesetas de las de antes (me pagaron en euros, claro, pero no digo la cantidad en euros, porque es todavía más ridícula).

Lo que pienso hacer la próxima vez que vaya es, a la salida, rebuscar bien dentro de las basuras que hay junto a los estudios, porque me han dicho que, si tienes suerte, te puedes encontrar chaquetas maravillosas y carísimas, de las que les compran semanalmente a los presentadores y que, como solo se las ponen una vez antes de tirarlas, están como nuevas.

La manera en la que te localizan también tiene tela marinera.

Me llama alguien con amabilidad extrema y me dice:

—¡Buenos días! ¿Don Enrique Jardiel?

Contesto:

—Sí, bueno... , yo no soy ese exactamente, pero supongo que sí, que es conmigo con quien quiere usted hablar.

—Mucho gusto. Soy... —y dice un nombre que no se entiende—. Le llamo para el programa... —y tampoco se entiende a qué programa se refiere. Y es que, pese a ser gentes dedicadas a la comunicación, estos individuos no saben pronunciar bien, lo que es una vergüenza; pero creen que su programa es tan mundialmente famoso que con solo emitir un sonido aproximado ya sabrás de qué programa se trata. Vamos, ¡no te dicen ni el canal! Y a ti, ¡claro!, te da vergüenza preguntar, no vaya a ser que se note que no tienes ni idea de algo tan básico.

—Queremos que entrevistarle a usted tal día, con referencia a tal tema. Le entrevistará Fulanito en persona.

Y al decir «Fulanito» su voz adquiere un tono de máximo respeto que indica dos cosas: 1) Fulanito es su jefe directo; y 2) a su modo de ver, Fulanito es lo mejor que le ha pasado al planeta desde que se inventaron los pimientos fritos. Y tú debes quedar impresionado.

Como yo no suelo saber quién es el tal Fulanito, no me impresiono lo más mínimo ni emito ningún sonido admirativo.

Llega el día y el momento. Te llama alguien y te dice que estés preparado, que pronto te llevarán al plató donde te espera el tal Fulanito.

Por fin graban. Fulanito te presenta mal:

—Tenemos con nosotros a don Enrique Gallo Poncela, sobrino del escritor Jardiel Poncela, que nos hablará de...

¿Qué haces en esa situación, en directo? ¿Cómo corregir al tipo, diciéndole que ni soy Gallo ni Poncela, ni sobrino, sino nieto? Me callo y hago como que no he oído la presentación.

A partir de ahí, resulta obvio que no han hecho los deberes. O a lo mejor sí: a lo mejor alguien de la sección de Documentación se ha tomado mucho trabajo, ha reunido información sobre el tema y se la ha facilitado al gran Fulanito. Pero el gran Fulanito es demasiado importante para tener tiempo —o ganas— de leer lo que el pringado de Documentación le presenta. Por ello, las preguntas que te hace son estúpidas (y, por ende, muchas veces te hace quedar como un estúpido a ti).

Te interrumpen continuamente y no te dejan acabar las respuestas de manera coherente. (Te cortan en directo para no tener luego que editar el programa, si les sale largo; así, tienen menos trabajo).

Y, al cabo de un rato, se acaba la cosa sin que se trate jamás de manera adecuada el tema propuesto. La sensación que te queda es de superficialidad, de futilidad, de ineficacia, de falta de propósito.

Se despiden de ti sonriendo, pero deprisa, para que te vayas pronto de los estudios. Tú esperas que alguien te diga cómo ha ido el programa, si era lo que ellos querían, cuándo lo emitirán si no era en directo, que te dé las gracias, que te proporcione un teléfono de contacto... Nada de todo eso. Te acompañan apresuradamente a la puerta y, si te he grabado, no me acuerdo.

Cuando Eurovisión iba de música

El Festival de la Canción de Eurovisión es el programa de televisión más antiguo que aún se transmite en el mundo, por lo que se hizo con el Premio Guinness al mayor número de televidentes televiendo la misma cosa. Lo contemplan 600 millones de poperos (*fans* de la música pop) de todo el planeta (fuera también lo ven, pero de esto no tenemos datos). Se emite regularmente cada año, sin importar qué guerra asole o asuele a los países del continente. La pandemia de COVID-19 lo paró un rato, pero no así la guerra de los Balcanes ni ninguna otra de las que disfrutamos en el actualidad.

Lo que no se sabe generalizadamente es que este festival se lo inventó y puso en marcha la OTAN en 1955 como medio de propaganda cultural e ideológica de sus países integrantes. Durante mucho tiempo se desconoció el papel OTÁNico en la creación del festival y todos creímos que era una iniciativa del mundo de la cultura y el periodismo (¡ja!). Para su estructuración, se copió el Festival de la Canción de San Remo y todos quedaron tan contentos.

Como la televisión por satélite no existía por aquel entonces, la Unión Europea de Radiodifusión utilizó la transmisión por microondas, que a nosotros (cuando hemos querido usar el nuestro) no nos ha funcionado.

A la primera edición del Festival de Eurovisión, que se celebró en la ciudad suiza de Lugano en el 1956, no quiso ir casi nadie y a los siete países a los que consiguieron engañar para que participaran se les pidió que, por favor, cantasen dos canciones cada uno o la misma canción dos veces (aunque cambiándole el título, eso sí), para poder llenar el programa. (Esta edición del festival la ganó Suiza que, como país anfitrión, quiso dar ejemplo y cantó tres).

El programa se conoció originalmente como *Le Grand-Prix Eurovision de la Chanson Européenne*, porque los franceses quisieron arrogarse el mérito de haberlo inventado (así son ellos, ya lo sabemos desde siempre y no hay que darle vueltas).

El formato del concurso no ha sufrido cambios importantes a lo largo de los años; su mecánica ha sido siempre la misma: primero el público sufre oyendo las canciones y luego sufre viendo cómo su país no acumula bastantes puntos como para ganar nada. Esto nunca ha variado.

El programa lo prepara (lo paga) el país organizador (ganador de la edición anterior). El vencedor no recibe más que el dudoso prestigio de haber quedado por encima de los otros, algo que logra que algunos cantautores vendan, algún disco que otro, además de que el país triunfador tiene el honor de ser el anfitrión (de pagar) en la próxima competición.

Antiguamente había orquesta con músicos de verdad, de esos que sabían tocar un instrumento y la clave de *sol* (y algunos, hasta de la *fa*), pero ahora la música viene en lata, hecha por analfabetos musicales[19]. Todos los países están de acuerdo en hacerlo así, por el ahorro que significa. Los idiomas oficiales son el inglés y el francés, porque a los ingleses y a los franceses les dio la gana y los demás europeos se achantaron ante ellos.

La final se lleva a cabo un sábado primaveral por la noche, porque el año en que se hizo un martes a las ocho de la mañana, algunos cantantes llegaron tarde y sin peinar.

Los países aptos para participar son los europeos más Israel (no me pregunten por qué; si Siria o el Líbano pidieran que les dejaran participar también a ellos, la carcajada del comité organizador se escucharía más abajo del estrecho de Magallanes). También se invita a Australia, por el aquel de que son blancos y rubios.

---

[19] Si no saben música, ¿no habría que llamarlos 'adoreminos' o 'adoremifasolinos', los que no se conocen ni la escala?

Por cierto, para cantar, hay que pagar una tasa a la Unión Europea de Radiodifusión, aunque no son ellos, sino el país anfitrión, el que paga los bocadillos de las delegaciones.

En todos estos años ya se han cantado casi dos mil canciones, basadas, más o menos, en trescientas y pico melodías, porque la mayoría están copiadas unas de otras.

Gran parte de los costes del festival la cubren patrocinadores privados, que quieren fomentar el turismo (para llenar sus hoteles y que les alquilen sus autobuses para llevar a los participantes de acá para allá). En algunos casos, los gobiernos han llegado a regalar los visados para visitar el país en esas fechas concretas.

Con cada delegación acude una caterva de enchufados y paniaguados, listados como representantes, comentaristas, corresponsales, asesores, autoridades y, si queda sitio, los cantantes también.

Desde 2001 todos los países tienen que utilizar el sistema de televoto, salvo por problemas técnicos de la infraestructura o por fallo del sistema, lo que pasa cada seis (cada dos por tres). Los inmigrantes votan masivamente por sus países de origen, con lo cual el mérito de las canciones ganadoras es el que yo les diga.

Los votos los anuncian las personalidades más horteras de cada país, vestidas de la manera más estrafalaria y con un monumento iluminado al fondo. De no hacer o decir el anunciante o la anuncianta una supuesta gracia antes de comunicar el resultado, este se da por invalidado.

La votación la controla un observador de la UER y el cómputo de votos lo hace una máquina, porque los presentadores se equivocaban mucho al sumar.

Se ha de cantar en vivo, pero algunos hacen trampa y meten coros de extranjis en la música enlatada. En medio de todo el estruendo, con estas voces humanas pasa como con los dioses: no puedes probar que existen y tampoco puedes probar que no existen.

Idioma, se puede usar el que se quiera, que casi siempre es el inglés, porque los europeos somos así de papanatas. Todavía no hemos escuchado ninguna canción en esperanto, ese idioma creado originalmente para hermanar a los europeos mediante una lengua común.

Las canciones no pueden durar más de tres minutos. Esta regla se implementó por consejo de la Organización Mundial de la Salud, que considera que ese es el tiempo máximo al que puede someterse al cuerpo humano a cierto tipo de variantes del *heavy metal* sin que se produzcan esos trastornos irreversibles de disrupción celular que tanto se dan en rockeros y moteros.

Hay reglas sobre la edad mínima para participar (16 años), pero no sobre el largo de las minifaldas. De hecho, muchos críticos cínicos aseguran que Massiel no habría ganado jamás con el *La, la, la* si en aquella ocasión se hubiese puesto pantalones.

Tampoco puede haber más de seis personas en escena, regla que se impuso porque algunos países económicamente menos favorecidos mandaban docenas de intérpretes a concursar para que esos ciudadanos suyos comieran caliente durante algunos días a costa del país organizador.

Las canciones pueden tener mensaje, aunque no deben incluir publicidad comercial alguna, así es que sus letras pueden decir sin problema «Siento gran placer en asesinar a niños de pecho y recomiendo a todo el mundo que lo haga alguna vez en su vida», pero no «Me gusta el ColaCao», porque esto último sería ilegal.

Seguiríamos contando cosas de este hito maldito de la cultura de Occidente, pero como estamos bastante desengañados viendo cómo el deslavazado psicodelismo de los efectos y el creciente horterismo de las presentaciones han arrinconado —al parecer para siempre jamás —a toda aquella actividad remotamente relacionada con Euterpe, musa de la música, preferimos no hacerlo. Que lo disfrute quien pueda hacerlo.

Citas demoledoras

Muchos señores más o menos sagaces u ecuánimes han dicho muchas cosas sobre este invento. Pero como hemos podido comprobar repetidamente, la mayor parte de estas citas están mal adjudicadas, porque hemos encontrado incluso una atribuida a Shakespeare en la que el bardo de Avon se queja de la que la televisión no sea todo lo educativa que debiera. Así es que sospechamos que la autoría de los aforismos que hemos recopilado no es de fiar. El que avisa no es traidor.

La televisión es el espejo en donde se refleja la derrota de todo nuestro sistema cultural.

FEDERICO FELLINI

*

Forma de entretenimiento cuyo éxito demuestra que la gente está dispuesta a ver cualquier cosa con tal de no verse a sí misma.

ANN LANDERS

*

La televisión es la goma de mascar de los ojos.

FRANK LLOYD WRIGHT

*

La televisión es un monstruo que come personas e ideas.

ROCK HUDSON

*

66

Se dice que la televisión es un medio porque ni está cruda ni tampoco bien hecha.

ERNIE KOVACS

*

No puedo comprender por qué en televisión siempre piden perdón por las interrupciones pero nunca por la programación.

OTTO PREMINGER

*

La televisión es un artilugio que permite que gente que no tiene nada que hacer mire a la gente que no puede hacer nada.

FRED ALLEN

*

La televisión está completamente en manos de unos bárbaros que casi no saben hablar y que a duras penas pueden leer un *prompter*.

WILLIAM RUSHTON

*

La televisión es el único somnífero que se toma por los ojos.

VITTORIO DE SICA

*

La televisión es para aparecer en ella, no para verla.

NOËL COWARD.

*

Los programas de televisión siguen estando en su infancia y ese es el motivo de que tengas que cambiarlos con tanta frecuencia.

MICHAEL HAYNES

*

Se puede engañar a todo el mundo si el anuncio es el adecuado y el presupuesto es bastante grande.

JOSEPH E. LEVINE

*

Me encanta la televisión, porque antes se decía que el cine era la forma más baja del arte y ahora ya no lo es.

BILLY WILDER

*

La televisión en sí es un medio poco ambicioso para espectadores sin inquietudes.

SAL MINEO

*

La televisión es un engendro híbrido. Incluso la misma palabra es medio griega y medio latina.

CHARLES P. SCOTT

*

En Los Ángeles la gente no tira la basura, sino que la convierte en espectáculo de televisión.

WOODY ALLEN

*

Si no sale en televisión, no existe.

AL GORE

*

Los matrimonios jóvenes no se imaginan lo que le deben a la televisión. Antiguamente había que conversar con el cónyuge.

ISIDORO LOI

*

Allí donde funciona una televisión hay alguien que no está leyendo.

JOHN IRVING

*

Decidme: ¿cuál es el mayor programa de éxito en cualquier televisión? El cine y las series. Se trata de un medio de difusión nada más.

LUIGI COMENCINI

*

A la televisión se la acusa con razón de estropear el mundo y de ser incapaz de mejorarlo.

FRAN LEBOWITZ

*

La televisión sirve para tener contentos a los parados y que no le pidan a sus gobiernos cacerolas y ventanas.

VICTORIA WOOD

*

Los libros son esas cosas con las que se hacen *telefilms*.

LEONARD L. LEVINSON

*

La televisión ha traído de nuevo el asesinato a los hogares, que es a donde siempre perteneció.

ALFRED HITCHCOCK

*

En muchas casas, el que lleva los pantalones es el televisor.

JAUME PERICH

*

¿No le gustaría que la televisión tuviera un botón para poder subir el nivel de inteligencia de los programas? Hay uno que pone «Brillo», pero ese no funciona.

ANTHONY GALLAGHER

*

La televisión ha acabado con el cine, el teatro las tertulias y la lectura. Y con sus muchos canales está acabando con la unidad familiar.

ANTONIO MINGOTE

*

La televisión es maravillosa. No solo nos produce dolor de cabeza, sino que además en su publicidad encontramos la pastilla que nos aliviará.

BETTE DAVIS

*

La televisión es una hija del cine que le ha salido disipada y de malas costumbres.

RAMÓN J. SENDER

*

Se dice que la violencia en la televisión provoca violencia en la calle. Pero hay muchas comedias en televisión y en la calle la gente no se ríe más.

GEORGE CARLIN

*

En la actualidad hay cadenas de televisión que emiten veinticuatro horas seguidas el estado del tiempo. Cuando yo era niño, a eso lo llamamos ventana.

DAN SPENCER

*

La televisión se ha hecho con el control total de nuestra vida.

ROY DISNEY

PELÍCULAS SOBRE TELEVISIÓN

Frost / Nixon

RON HOWARD (2008)

Los estadounidenses que en 1963 tuvieron el capricho de escuchar por la radio el debate presidencial entre Nixon y Kennedy se quedaron convencidos de que el primero lo había ganado con diferencia.

La televisión dijo otra cosa.

Sí, porque don John (Fitzgerald) eligió una bonita camisa celeste que le sentaba muy bien y, en cambio, a Nixon le sudaba mucho la cara, lo que desagradó a los espectadores y convenció al maduro electorado americano de que el otro candidato, como era más guapo, era el más adecuado para gobernar su país (y, de paso, mangonear el resto del mundo).

Bueno, Nixon pierde esas elecciones, luego gana otras, gobierna un rato, espía a los demócratas, encubre delitos, miente a la nación y finalmente, le impichan y tiene que dimitir de su cargo. (¿Qué es esto de que le 'impichan'? Pues que le aplican el procedimiento del *impeachement*, que no tiene traducción exacta al castellano, por lo que hemos españolizado el vocablo y no creo que esto le importe a nadie hoy en día, en que el usar términos sajones para todo se considera el *summum* de la elegancia)[20].

---

[20] Si no creen que esto es así, váyanse a cualquier centro comercial y comprueben que el 90% de los comercios ya tienen nombres ingleses. He aquí un listado de las tiendas de uno de ellos: Ali Express, All Fixer, Amazing, Apple Shop, Aristocrazy, AW Lab, Azalea Young, Bedland, United Colors of Benetton, Book Centre, Catch Go, Claire's, Doodles, D-Uñas Nails, Emergency Phone, Extension Mania, Fashion Kids, Fast Colors, Flap Haircare, Flaying Tiger, Foot Locker, Friking, Game, Global Relax, Goldenpark, Guess, Barber Shop, Hawkers, Hollister, Inside, Jack & Johns, JD Sports, Kids Garage,

Pero su sucesor y amiguete, el vicepresidente Gerald Ford le indulta de todo delito al mes siguiente y Nixon se va a su casa en la tópicamente soleada California a descansar y a escribir mil páginas de sus memorias. Estos son los antecedentes.

Lo que vemos en la película es que David Frost —que es presentador televisivo, ambicioso e inglés, aunque no necesariamente en ese orden— decide entrevistarle, a ver si Mr. Richard reconoce algo de lo que hizo y dice estar mínimamente arrepentido, porque a la gente americana no le ha gustado hacer el ridículo delante del mundo y que se hayan escrito más libros sobre el escándalo Watergate que sobre la Segunda Guerra Mundial[21].

Nadie le quiere financiar (porque todas las cadenas televisivas están convencidas de que el expresidente se guardará el dinero que le paguen por la entrevista, pero no se inculpará en absoluto). A nadie se le oculta que Nixon es muy listo, que Frost es muy tonto y que nada útil saldrá de allí.

Pero el entrevistador se emperra en llevar a cabo su proyecto (máxime cuando han cancelado todos sus programas (en Londres y en Sídney) y ya no tiene otra cosa en la que ocuparse). Así es que Frost pone bolsillo de su propio dinero, pide bancos a los préstamos, contrata empresas de pequeños anuncios, convence a sus adelantos de que le hagan algunos amigos, se entrampa y consigue que el otro acceda a ser interviuado o interviuvado o como se diga. Contrata a politicólogos expertos, que se pasan varios años leyendo las transcripciones de las grabaciones hechas en el despacho oval

---

Lefties, Lines Snow Boutique, Little Details, Llaollao Natural Frozen Yogurt, Lush, Mango Kids, Moka Home, Movil Difent, Movistar Mobile Phone, Mr. Wonderful, MS Mode, Newyorker, Oh Nails, Only, Orange, Pepe Jeans, Pistop Barber, Primark, Pull&Bear, Queens, Ranger, Rituals, Scalpers, Skechers, Snipers, Snozone, Soloptical, Sports Direct, Springfield, Sprinter, Studio F, Tattoo Centre, Tea Shop, The Body Shop, Time Road, Toy Planet, USA Fitness, Vans, Women'secret, Zapshop, Zara Home, Zero Latency.

[21] De hecho y desde entonces, a cualquier escándalo se le pone la coletilla de *'gate'* y los medios hablan del esto*gate* y de lootro*gate*.

de la Casa Blanca. (No se pasan años: solo semanas, pero aquello es tan aburrido que se les hacen muy largas).

Frost graba treinta horas de entrevista en las que el expresidente se lo come con patatas. Nixon contesta a cada breve pregunta con discursos de cincuenta minutos y aprovecha para resaltar sus logros y quedar bien. El otro, apabullado por la tremebunda presencia de ánimo de su adversario, no consigue interrumpirle.

Cuando se ve claro que aquello es un fiasco y que Nixon está quedando como Dios ante todos, Frost se plantea leerse él mismo las transcripciones a ver si encuentra algo con que vencer al canalla. Se pone a estudiarse los tochos y, ¡oh, sorpresa!, a las pocas horas de lectura se encuentra con unas declaraciones comprometedoras que estaban allí escritas durante todo el tiempo, pero que nadie se había tomado el trabajo de leer, como suele suceder con estos procesos judiciales en los que las partes se bombardean unas a otras con toneladas de papel impreso precisamente para eso: para que sea imposible leerse todo.

(Aquí se aprende la lección de que, si quieres que algo te salga bien, te lo tienes que hacer tú mismo, porque como confíes en otros, especialmente en los que se dicen expertos en algo, ¡ya vas listo!).

Al día siguiente, nada más comenzar la entrevista, Frost le larga a Nixon lo que ha encontrado y este, cogido de improviso, hace un largo silencio y pone una cara muy rara. Sale del paso como puede y no reconoce nada ni pide perdón por nada.

Pero, ¡ah, el poder de la televisión!, el primer plano del rostro acongojado y angustiado del expresidente corrupto queda conservado para la posteridad. Todos los usinos (ciudadanos de USA) lo ven y aquello les sirve de consuelo, pues la culpabilidad del pavo queda tan claramente de manifiesto como si Nixon mismo la hubiera confesado.

Lo que los tribunales no lograron en su momento, lo consigue el simple primer plano televisivo de un tío feo pillado en un momento especialmente sudoroso. Para que luego digan que la historia no se repite.

El *show* de Truman

PETER WEIR (1998)

Película de terror
posmoderno: *El* show *de Truman,*
en el que hay un «Gran Hermano»
mandado por un granuja
que tiene pocos escrúpulos
y muchas menos escrúpulas,
y que, por ende, se hace
de oro, se forra, se lucra,
pues para lograr el éxito
con su programa no duda
en sacar a sus hermanas
completamente desnudas
o a su madre, si hace falta,
para que la audiencia suba.

Es una historia simbólica
que a todos nos espeluzna
sobre un mundo de *voyeurs*
—la Tierra, por si alguien duda—
en el que hay por todas partes
cien mil cámaras ocultas
que graban a un infeliz
que está sin sospecha alguna
y retransmiten su vida
sin que el pobre lo descubra.
Las gentes conocen todo
sobre él: si ronca; si suda;

si está jugando al parchís
o, por el contrario, estudia;
si se hurga las narices
si está a solas; si estornuda;
si le gustan los garbanzos
o prefiere las alubias.
Le ven cuando va por pan,
le ven cuando está en la ducha,
le ven cuando… lo ven todo
y eso es lo que más les gusta.

El hombre vive encerrado
en una ciudad muy cuca
en donde no hay delincuencia
ni tráfico en la hora punta.
Es todo un gran decorado
hecho dentro de una cúpula
y que semeja una isla
en medio de aguas profundas.
Sus habitantes son «extras»
sin michelines ni arrugas,
sino guapos y tostados,
porque se dan rayos UVA.
Se muestran la mar de amables
con el pobrecito Truman;
le sonríen todo el rato,
le tratan bien y le ayudan
para que el hombre esté a gusto
con su vida y su fortuna
y siga sin sospechar
que vive en una burbuja.

Además, han inventado
una treta muy astuta

para que nunca se atreva
a cruzar las aguas turbias
que rodean aquel pueblo
y haga alguna cosa estúpida:
le meten miedo a la mar,
le traumatizan e inculcan
temor al H_2O,
logran que se asuste y sufra
viendo el agua. ¿Cómo? Es fácil:
hacen que su padre se hunda
en un naufragio y se ahogue,
con lo que Truman se asusta
con ver el agua en un vaso,
ya que el agua le repugna,
y, para no abrir los grifos,
se baña muy poco o nunca.

Todo va bien, aunque algún
decorado se derrumba
de cuando en cuando, hay errores
o se olvida la peluca
un figurante. Lo grave
sucede cuando resulta
que el actor que hizo de padre
ahogado aparece en una
calle interpretando a un pobre
que rebusca en la basura
a la hora de comer.
Aunque el hombre disimula,
a Truman le entra un mosqueo
de cuidado y se figura
que le están tomando el pelo
y que alguien le manipula.
Esta sensación se hace
mayor, más grande y mayúscula

en el momento en que un foco
desprendido de la altura
cae junto a él con estruendo
y por poco le desnuca.

Como se está haciendo tarde
y va a sonar ya la una,
voy a acabar de contar
de qué va la pelicula[22].

Truman descubre el enredo,
la verdad terrible y cruda,
y empieza a hacer cosas raras
que ponen a la actriz rubia
(que es su esposa) de los nervios.
Esta mujer es muy furcia
(pues se acuesta por dinero,
aunque ella diga que actúa
y que lo exige el guión)
y es más mala que una bruja.
Cuando su esposo habla de irse
lejos, se le despechuga
y pretende detenerle
con la futura criatura
de cebo, pues si eres padre,
no te vas a las Bermudas,
ni a Tailandia, ni a las Fiji,
ni mucho menos a Murcia:
te quedas allí hasta el día

---

[22] Película: Hemos tenido que correr el acento una sílaba hacia adelante para que rimase. A esta licencia poética se la denomina diástole y Góngora la utilizaba todos los miércoles y algunos fines de semana. Escribía 'Napoles' en lugar de 'Nápoles' u 'oceano' en lugar de 'océano' y se quedaba tan a gusto. No veo por qué no voy a poder yo hacer lo mismo.

en que bajes a la tumba.
No obstante, Truman no pica.
Sin salvavidas ni brújula,
sin saber lo que es un remo,
se monta en una chalupa,
le echa… eso y se dispone
a bogar por la laguna,
sabiendo que aquellas aguas
pueden ser una hoya húmeda.
Para evitar que se escape,
el productor le diluvia
y apretando los botones
le echan olas tremebundas,
pero él remonta las aguas
como si fuera una trucha
y al fin consigue encontrar
una especie de abertura
que hay en la pared del *set*
y por el hueco se esfuma.
«¡Si te he visto, no me acuerdo,
porque tengo amnesia aguda!».

Entendemos que, a partir
de ahí, Truman se va en busca
de alguien, muy probablemente
de otra novia (la penúltima)
que se fue y que era decente,
no como la pelandrusca.
Y los telespectadores
vuelven de nuevo a su abulia,
a ser tan solo mirones
en la caja tonta y pútrida,
viviendo la vida de otros
en vez de vivir la suya.

Videodrome

DAVID CRONENBERG, (1983)

Si decimos que la televisión muerde, todo el mundo pensará que estamos haciendo una metáfora más o menos exagerada. Pero no: en esta película la televisión muerde de verdad, por lo que realmente recomendamos a los lectores que no la vean, ya que *El exorcista* puede que sea la que tiene más fama como culmen del terror, pero la verdad es que el diablo a lo mejor no existe, pero la televisión, sí.

El director ejecutivo de un canal de televisión torontino (de Toronto) sintoniza un canal malayo en el que todo aquel que lo mira puede ver un programa con escenas bastante brutas de tortura, no así el que no lo mira. *Videodrome* es su nombre (del programa, no del director ejecutivo, que se llama sencillamente Max Renn).

Al hombre le encanta aquello y, como es de natural sensacionalista, se las apaña para reemitir el espacio en su cadena.

Un elemento del *film* es que Max se liga a una psiquiatra, lo que siempre da miedo. Hace que ella vea un episodio videodrómico y ambos se excitan un tanto, por lo que deciden practicar sexo sadomasoquista. Lo practican una y otra vez hasta que les sale bien, porque la práctica hace maestros.

Enseguida se acaba el exotismo, porque la emisión de Malasia en realidad la están rodando en un garaje a las afueras de Pittsburg, lo que le quita mucho *glamour* y encanto al asunto.

A partir de aquí, el argumento deviene en un follón de aúpa que se entiende malamente. Al parecer hay un señor que sale en la «tele» y que controla a los televidentes con sus mensajes. Todo aquello es un movimiento sociopolítico en el que se somete a las mentes a lavar y marcar (e incluso a tinte y a mechas ideológicas).

Pronto Max ve con estupor que su tripa se le ha convertido en un agujero más rectangular que otra cosa que funciona como un reproductor de cintas de video. Pero otro personaje (no recordamos quién) le asegura para tranquilizarle que eso son alucinaciones muy normales, porque las ondas televisivas te hacen que desarrolles una variedad de tumor cerebral que te puede jugar esas malas pasadas.

A continuación, a Max le ofrecen un contrato en una empresa que fabrica armas (con la tapadera de fabricar gafas y otros productos ópticos). El objetivo es que Max emita *Videodrome* en su canal y produzca tumores a los televidentes de clase baja que ven los programas televisivos, porque los de clase alta se supone que van a la ópera.

(Reconocemos, al llegar aquí, que todo esto tiene muy poca —o ninguna— coherencia, pero ¿qué quieren que les diga?: eso es lo que pasa en la película, así es que no maten al mensajero).

El productor-reproductor (de cintas de video) asesina a casi todo el personal de su cadena para darle un poco de interés al clímax de la historia y luego se mete en un barco abandonado que hay por ahí.

La televisión le da órdenes a Max y este las obedece al pie de la imagen: se pega un tiro en la cabeza, lo que complica más el argumento, que renunciamos desde aquí mismo a aclarar.

Las escenas en las que la pantalla se vuelve blanda y se come a la gente no las describimos, para evitarles a los lectores cosquilleos desagradables a lo largo de sus espinas dorsales, porque, a fin de cuentas, ellos se han portado bien con nosotros comprando este libro y no queremos que padezcan como nosotros padecimos cuando vivos esta siniestra cinta, hoy en día considerada de culto[23].

---

[23] Las películas de culto son aquellas que, pese a ser malísimas, gustan a un montón de gente por motivos que nadie entiende.

La cortina de humo

BARRY LEVINSON (1997)

¿*Films* sobre televisión?
No sé si recuerdo alguno
en este momento. A ver…
Tenemos *Network: un mundo
implacable, EDTV*
y *La cortina de humo.*
¿De cuál quieren que les hable?
¿Les da igual? Lo haré del último,
que pone a la «tele» en solfa
y muestra su lado oscuro.

La trama está bien montada:
el Presidente de turno
se cepilla a una menor
cuando solo faltan unos
pocos días o semanas
para elecciones. Si alguno
se entera, no ganará.
Hay que distraer al público.

Contratan para el trabajo
a un productor —que es un punto
de mucho cuidado— quien
les propone un plan astuto:
se inventarán una guerra
de mentira (los muy brutos),

distraerán al personal
con este y otros infundios
para que olvide el *affaire*
y así saldrá todo a gusto
de todos. Bien. Dicho y hecho:
se meten en un estudio
de televisión y graban
un alarmante discurso
del Presidente, diciendo
que es casi, casi seguro
que Albania tenga mil armas
con las que dar un disgusto
a los Estados Unidos
en un cercano futuro.

Comienzan la guerra falsa.
Emiten varios minutos
de imágenes con diversos
bombardeos tremebundos.
Las gentes, como borregos,
se tragan todo ese truco.
Van alargando la historia
hasta que dan por seguro
que el pueblo les votará
en su momento oportuno.

No contaré más detalles
ni más episodios chuscos
por si alguno no la ha visto.
Mantendré el final oculto.

Pero lo que es destacable
—y uso el verso como púlpito

para denunciar a voces
cosas que me indignan mucho—
es la forma en que la «tele»
está controlando el mundo.
Ya sé que parece un tópico,
un lugar común al uso,
pero es verdad. No olvidemos
que el mangoneo es muy sucio,
que aquello que obstaculiza
el albedrío de uno
es despreciable. Y la «tele»
solo nos crea barullo
mental, nos dice mentiras,
modifica nuestros gustos,
hace que compremos cosas
de innecesario consumo,
nos oculta mil verdades
por procedimientos burdos,
nos aliena y nos engaña
veinte veces por minuto.
Y, sin que nos demos cuenta,
nos vamos volviendo estúpidos.

Por eso es muy necesario
mantener el seso lúcido,
aprender a distinguir
lo que es claro de lo turbio,
lo que es cierto de lo falso,
lo nuevo de lo caduco,
lo fútil de lo importante,
lo inane de lo profundo.
Hemos de ser muy escépticos
—que no se queden con uno—,

pensar por nosotros mismos,
no caer bajo su influjo,
comprobar bien nuestras fuentes
y preservar el orgullo
de ser criaturas pensantes
y ser individuos únicos.

«Tootsie»

Sydney Pollack (1982)

Hablar de actores, señores, siempre me toca la fibra sensible, quizá porque lo fui lo soy y lo seré. Así es que las peripecias del personaje de Michael Dorsey me son especialmente queridas y las sufro en mis propias carnes. He vivido con él sus frustraciones y la humillación de que uno de los mejores papeles que le dieran fuera el de un tomate para un anuncio televisivo. Si a esto se le añade que su representante artístico lo interpretaba el mismo Sydney Pollack, director de la película y persona con gran contacto en los medios cinematográficos estadounidenses, la cosa se vuelve aún más triste.

«Tootsie» va de travestismos, pero no voluntarios ni caprichosos. Es la historia de un actor que no encuentra trabajo y no se resigna a entrar en los dos infiernos que el Supremo Hacedor ha creado para los actores en paro: el oficio de camarero y el de taxista. Michael-«Tootsie» sabe lo mucho que vale, conoce sus capacidades: puede llorar en escena, morirse creíblemente, aprender cosas de memoria (algo denostado en la actualidad) e incluso poner bien las comas en su libreto cuando el autor no lo ha sabido hacer. Es, pues, un actor afeitado, pero con toda la barba.

Se presenta a *castings*, uno tras otro, pero es bien sabido que los *castings* los llevan a cabo los cuñados de los directores, gente que no entiende nada de cine. A Michael le descartan por bajito, por demasiado alto y por tener la estatura media. Le descartan por rubio, por moreno, por pelirrojo y por calvo. Siempre hay una excusa para deshacerse de los seres humanos que no nos gustan y la soberbia de Michael no agrada a muchos, que no se paran a considerar que, si no fuera soberbio, nunca saldría a un escenario, porque para ponerse uno delante de un público a hacer cualquier cosa —ya sea

89

actuar, cantar, bailar, contar chistes de polacos o hacer hablar ventrilocuosamente a marionetas— hay que tener su punto de valor y también de vanidad; hay que decirse: «yo soy bueno en mi trabajo y puedo hacerlo». Únicamente así funcionan y salen adelante los espectáculos.

Pero ya está bien de monsergas. Vayamos con el *film*.

Visto que no encuentra papeles ni a su medida ni un poco más anchos o estrechos, se presenta una prueba para una telenovela... en la que necesitan una actriz de carácter. Como dicen en Nueva York: «*Pensat i fet*». Michael se da crema base en el pelo, se riza los labios, se pone colorete en las pestañas, se empolva las orejas, se depila las narices, se da brillo en las cejas y sombra de ojos en los pómulos o quizá lo hace todo en otro orden, pero el resultado es satisfactorio: parece talmente una institutriz alemana o una diosa del sadomaso. De tal guisa se presenta en los estudios y consigue a la primera el papel de recia administradora de un hospital donde hay un cuerpo de enfermeras con cuerpos que te pueden provocar una enfermedad.

Durante un tiempo todo va sobre ruedas —sobre tacones más bien — y sus dotes interpretativas hacen a «Dorothy» la preferida de los telespectadores. Luego viene el lío, claro, pues «Tootsie» se enamora de una enfermera y sus intentos de besarla son recibidos con la natural suspicacia. El orondo padre de la chica, por su parte, está encantado con la administradora y la invita a pasar un fin de semana en su finca del campo, para hacer eso que se suele hacer cuando te invitan a pasar un fin de semana en cualquier sitio. El chasco que se lleva el pobre hombre es mayúsculo, en negrita y hasta creemos que subrayado.

Como todo en esta vida, lo bueno se acaba pronto y Michael tiene que optar por continuar con su éxito televisivo y su celibato o tirar de la manta y retomar su yo varón. Y decide hacerlo de la más teatral posible manera, aprovechando el rodaje de un episodio para mostrar ante las cámaras su virilidad (no literalmente). Dustin Hoffman se marca una anagnórisis (reconocimiento, queremos decir, solo que lo hemos dicho en griego para elevar el tono culto de este escrito) bajando una escalinata, se quita la careta y explica una historia bastante confusa sobre quién era su personaje, qué hacía allí y por qué iba disfrazado de mujer. No entendemos la razón, que está traída por los pelos y contada apresuradamente, pero no importa. De lo que el público se entera es de que «Dorothy» es un señor, pero no lo vamos a querer menos por eso, porque, a fin de cuentas, nadie es perfecto.

A partir de aquí, su aventura romántica puede continuar, aunque nos tememos que, pasada la euforia inicial provocada por la sorpresa, Michael se encontrará con menos y menos papeles cada vez y, a la vuelta de dos años como mucho, el gremio de taxistas (o el de camareros) contará con un nuevo miembros en sus filas.

Quiz Show: el dilema

ROBERT REDFORD (1994)

Tienen las televisiones
muy poca o ninguna ética.
Esto está patente en una
cinta: *Quiz Show: El dilema*,
que me dispongo a contarles
por si alguien no la recuerda.
La dirigió Robert Redford
(ya saben, ese guaperas:
el de *Memorias de África*
y *La última fortaleza*)
para la Baltimore Pictures.
Mil novecientos noventa
y cuatro. (No doy más datos,
que esto no es la ficha técnica).

Trata de un concurso histórico
de la «tele» en Norteamérica
y que produjo un escándalo
de madre y señora nuestra
(o padre y muy señor mío,
como ustedes lo prefieran).
El programa *Twenty One*
(muy popular en la década
de los cincuenta) solía
hacer preguntas complejas
a los pocos hombres e-
ruditos de aquellas tierras

(ya que el nivel cultural
del mundo yanqui da pena)
y daba a quien acertaba
trozos de papel moneda,
que por allí solían ser
dólares y no pesetas.
Era un concurso vulgar,
como los hay por docenas,
patrocinado por una
corporación farmacéutica
que era quien daba los premios
(por desgravarse en Hacienda).

El caso es que a un concursante
lo mantienen en antena
muchas semanas seguidas,
chivándole las respuestas.
Él ganaba sin parar
y eso aumentaba la audiencia,
pues ver que alguien sabe algo
sorprende mucho a esos bestias
para los que hacer la 'o'
con un canuto les cuesta.
Era un apaño tramposo
que tenía la cadena
con un judío: Herb Stemple,
quien en su barrio hacía apuestas
a que acertaba y así
se pagaba la hipoteca.

Pero los blancos se hartan
de ver a Herb y protestan.
No les gusta que un judío
sea el más listo del planeta.

Ellos querrían a un cristiano
anglosajón y sin pecas,
de pelo azul y ojos rubios
y que no fuera de izquierdas,
con las narices normales
y que, a ser posible, hubiera
estudiado en Harvard u otra
universidad de esas
donde van los niños ricos
a cogerse borracheras
y a entrar en fraternidades
(Omega, Phi, Kappa o Beta),
que te cuestan una pasta
y que, cuando te licencias,
te buscan un buen empleo
y ganas dinero a espuertas.

Con la intención de tener
a la gente muy contenta,
los directivos deciden
darle al programa la vuelta
y buscarse un niño pijo
para concursar. Lo encuentran.
Es profesor en Columbia,
su padre es un gran poeta
y su madre es novelista,
su familia tiene pelas,
él va a misa los domingos,
es educado (y un trepa),
por lo que para triunfar
tiene muchas papeletas.

Para que concurse este,
tiene que irse a hacer puñetas

el otro participante
y aquí comienza el dilema
que le da título al *film*.
Hay tan solo una manera
de hacer el cambio: que Stemple
dé una respuesta incorrecta.
Le prometen un dinero,
todo a cambio de que meta
la pata y, al preguntarle,
se atasque y nada se sepa.

Pero él no quiere fallar
por miedo a las cuchufletas,
porque el mundo es muy burlón,
y él quiere que se le vea
como alguien la mar de listo,
no un chisgarabís cualquiera.
No quiere hacer el ridículo
ante su gente y se niega.
Comienza un tira y afloja
y pronto se ve a la legua
que la «tele» vencerá
y que al judío no le queda
otra que aceptar el trato,
porque le hacen una oferta:
meterle en otro concurso
con una paga tremenda.

Se enfrentan los concursantes:
Charles Van Doren —la promesa
blanca— y el pobre de Stemple,
que va y falla a la primera,
resultando eliminado,
por lo que coge la puerta

y se sale del programa,
mientras Van Doren «acierta»
y se hace así más famoso
que el héroe de una epopeya,
un futbolista de élite
o M. Cervantes Saavedra.

Durante algunas semanas
todo va como la seda,
porque como Doren es
alto y guapo, el *share* aumenta,
que los hombres, viendo a un hombre,
solo aprecian lo de fuera.
Pero el frustrado judío
—que es bastante majareta
y, como ya sospechábamos,
no está bien de la azotea—
se ha quedado sin dinero
y coge una pataleta.
Tira de la manta y dice
a los chicos de la prensa
que el concurso está amañado,
que les ponen en bandeja
las respuestas y que todo
es una estafa muy fea
cuyo objetivo es tan solo
la publicidad directa
para que así los *sponsors*
puedan vender más tabletas,
jarabes, gotas, termómetros,
supositorios y enemas.

A partir de aquí suceden
un montón de peripecias

que me salto para que
la historia no se haga eterna.
Un comité del Congreso
investiga y se concentra
en ver si es verdad la cosa
o si es probable que mienta
Stemple o bien Van Doren,
uno u otro o viceversa.

Resumo, porque se hace
muy pesada esta historieta
(¡cuidado!, aquí hay un *spoiler*,
que me he ido de la lengua):
acaba haciéndose pública
esa corrupción sistémica
que es prueba de que en la «tele»
no saben lo que es decencia.
Stemple queda arruinado
(que ha perdido sus reservas
económicas en una
especulación funesta
que le ha salido muy mal)
y al Doren van y lo echan
de su trabajo; le sale
muy cara la jugarreta,
pierde el honor y el prestigio,
se le chafa su carrera
y acaba de vendedor am-
bulante de enciclopedias
o quizá de aspiradoras:
no me consta a ciencia cierta).

Los únicos que se salvan
de esta tremenda tragedia

son, (¡claro!), los directivos
y jefazos de la empresa,
y los patrocinadores
del programa. Moraleja
que se puede colegir:
es mejor no estar muy cerca
del ente televisivo
para evitarse problemas,
pues es un mundo en que todos
tienen muy poca vergüenza.

SERIES QUE HICIERON HISTERIA[24]

---

[24] Historia. Ha sido una errata; que conste.

Entre hablar mucho de pocas o un poco de muchas, escogeremos lo segundo en pro de la evocación. A los que conocen las series, la rememoración les bastará para revivirlas. A los que no, probablemente les importarán bien poco. Lo bueno, si breve, dos veces bueno. Y lo malo es aún más necesario que sea breve.

*

No hay orden alfabético ni cronológico, ni temático, por una simple razón: escribir así es más cómodo. La elección es arbitraria, porque para eso este escrito es nuestro. Así es que, si a alguien no le gusta, que se escriba su propio libro.

*

FORTUNATA Y JACINTA (1980)

Para armar un argumento
basta con un sinvergüenza
que se dedique a crear
todo tipo de problemas
a los otros personajes
que salen en la historieta.
Contaremos *Fortunata
y Jacinta*, una obra impresa
que tiene más de mil páginas
en una letra pequeña
y parece no acabarse
nunca, por mucho que leas.
Es el fruto de la pluma,

de la silla, de la mesa,
de la tinta, del papel
secante y, ¡ah!, de la idea
de Galdós (Benito Pérez),
ese escritor de novelas
tan prolífico y creativo
que las hizo por docenas.

Cuenta la historia de un tipo
mujeriego y calavera
que seduce a todo el mundo
con quien se encuentra (a las hembras;
conviene especificar
para que ninguno entienda
otra cosa y se imagine
algo que no viene a cuenta).
Juan Santa Cruz es el nombre
de nuestro protagonesta
(si he cambiado aquí la rima
es porque 'ista' no pega
y ya sé que me he tomado
una tremenda licencia;
espero que los lectores
no me lo tengan en cuenta).

Juanito —como decía—
es un cara, un fresco, un jeta
cuyos fines en la vida
son solo cuatro: las juergas,
las mujeres pelirrojas,
las rubias y las morenas.
Como es rico por su casa
tiene reales y pesetas,
no ha dado golpe jamás,

no trabaja ni lo intenta,
porque se halla convencido
de que el trabajo molesta,
perjudica a la salud
y te produce agujetas.

Un buen día va y conoce
a Fortunata (la bella
protagonista del drama),
le parece suculenta
(cual si fuera un plato de
huevos fritos con panceta)
y quiere darle un bocado
en la región periférica.

Ella quiere que se case
y él, por tenerla contenta,
le jura que así lo hará,
que será una boda excelsa
que hará historia en los Madriles
y dejará boquiabierta
a la buena sociedad
y a toda su parentela,
que tendrá al cura más caro,
luna de miel en Venecia,
banda de música, arroz
y un banquete para ochenta
con una tarta nupcial
de diez pisos y azotea.

La muy infeliz accede
a su demanda, en espera
de aquel bodorrio soñado.
Él, claro está, se aprovecha,

dejándola muy preñada
cual si fuera una coneja
y, tras hacerlo, con una
desfachatez manifiesta
desaparece y por mucho
que le buscan, no lo encuentran.

¿Qué pasa a continuación?
Pues un dramón que te deja
lacrimoso un mes entero.
Juan se busca una heredera
rica —Jacinta— y se casa
con su dinero y con ella.
Pero, como es previsible,
la felicidad doméstica
conyugal de J. y J.
resplandece por su ausencia,
y es porque el señoritín
—aparte de ser un déspota—,
siguiendo su antiguo vicio,
se trajina a toda aquella
que se cruza en su camino,
ya sea hermosa o bien muy fea,
puesto que a él le da lo mismo
siempre que la chica tenga
esas cosas femeninas
en proporción y bien puestas.

Fortunata tiene el niño
y se le muere. ¡Qué pena!
Y como no sabe hacer
de nada ni tiene rentas,
se arroja a la mala vida
como quien salta a una alberca.
Al cabo de un tiempo, un tipo

que se llama… (¡Ay, qué cabeza
la mía! Pues no me acuerdo
del nombre. Tengo flaqueza
memorística.) decide
que Fortunata está buena
y es buena para mujer.
Olvida sus «ligerezas»,
la desposa y le sacude
palizas cuando le peta.
La conducta de la chica
no es que sea muy perfecta,
porque se escapa dos veces
seguidas y se amanceba
con el Juanito de marras,
que se aprovecha y la deja
abandonada de nuevo.
(Dicen que el hombre tropieza,
por ser muy cretino, dos
veces en la misma piedra.
Fortunata lo hace tres.
Sin comentarios.) Comienza
aquí un nuevo culebrón
cuando la naturaleza
le avisa de varios modos
muy concretos de que espera
otro hijo del Juanito,
que lo hace todo a conciencia.

Para ir finalizando
esta historia truculenta
sustituiremos algunos
sucesos con un «etcétera»
y creemos que al lector
no pillará por sorpresa
saber que, en la conclusión,

Fortunata acaba muerta.
(Y si alguien le imaginaba
un final feliz a esta
salga perezgaldosina,
es que ignora la litera-
tura, sus trucos y tópicos,
sus clichés y sus esquemas).

Como fuere, ella se muere
por un soponcio y le lega
su retoño a la Jacinta,
con la petición expresa
de que lo adopte y lo críe
con actitud benemérita
hasta que salga de quintas.
Jacinta, la pobre, acepta.
Y ¿por qué? Porque a su casa
no ha venido la cigüeña,
no tiene prole, se aburre
y se encuentra descontenta,
que el fresco de su marido
no se acerca ni a la puerta
de su casa y no aparece
por el hogar ni siquiera
cuando el hombre necesita
cambiarse de camiseta.

STAR TREK (1966-1969)

Los tripulantes de la nave espacial «USS Enterprise», que tantas emociones nos brindaron años ha, eran unos auténticos pringados, que vivían en su lugar de trabajo. Así es que no importa que el capitán Kirk ligara mucho o que Mr. Spock fuera muy listo: eran pringados.

La nave era un modelo NCC-1701 (esperen... ¿o era el modelo 1702?; no estoy seguro, por lo que tendré que consultar el libro de Moster Foster: *The Complete Reference Book of Stupid Data*, Oxford University Press, 2003). Aunque, en realidad, entre un modelo y otro no había más diferencia que la calidad de los cromados, que en el segundo modelo era ella peor (la calidad) por ser ellos más baratos (los cromados). La nave la habían construido en los Astilleros de San Francisco (no la ciudad, que para entonces ya había sido destruida 763 veces por sendos terremotos, sino una estación orbital). Recuerden que estamos hablando del año 2245, cuando Madrid logró finalmente albergar los Juegos Olímpicos.

La nave (no hagan nunca esto que acabo yo de hacer: nunca empiecen varias frases seguidas por la misma palabra, pues denota una falta de imaginación atroz). La nave —decía yo— media 288 metros de longitud, 125 de anchura y 7,25 de altura (un poco baja para tener varios pisos, ¿no creen? La coma debe de estar mal puesta) y se le calculaba una masa de 500 000 toneladas o de 978 546, según se hiciese bien o mal el cálculo[25].

Su tripulación constaba siempre de 450 personas, menos las dos que siempre morían nada más bajar a un planeta. Dónde reponían a sus efectivos para seguir teniendo 450 personas en el episodio siguiente es algo que nunca se ha desvelado. No se sabe mucho de la vida social de sus tripulantes en sus hogares de origen. Probablemente ninguno de ellos se hablaba con la familia, por motivos inconfesables, por lo que podían dedicarse a meter sus narices en la galaxia, ¡que también son ganas de llevarse sorpresas!

Bajo su aparente *bonhomie* todos llevaban una actividad bélica continua que hacía pensar en una Federación de Planetas esencialmente militarista y un tanto láser-fascista.

---

[25] A los lectores desconfiados que piensen que, cuando incluyo datos, les estoy largando un camelo, les invito cordialmente a que consulten la página web www.startrek.com, que incluye un completo y detallado plano de la nave que indica dónde está cada puerta e incluso para qué lado se abre.

La nave (¡y dale!; otra frase que empieza igual...) pese a ser realmente una casa-cuartel, no era en absoluto un lugar desagradable, si no te disgustan las sillas funcionales escandinavas, de esas cuyos ángulos se te clavan siempre que te sientas. Era limpia, moderna y no carecía de espacios de ocio en donde jugar al ajedrez trepador (donde las piezas subían físicamente de nivel), aunque nunca vimos los retretes, lo que nos inducía a pensar que el futuro implicaba la extirpación de la vejiga urinaria y su substitución por un servomecanismo que procesaba los líquidos sobrantes *in situ*.

Sus habitantes (los de la nave, ¡claro!) parecían estar a todas horas trabajando o bien de guardia, como correspondía a su *status* militar. Si Spock, Kirk, Bones, Uhura, Sulu y Checkov siempre coincidían en el puente cuando se topaban con una nave de reptiles malos, ¿quién manejaba el cotarro cuando todos los mencionados dormían? Gene Roddenberry (el productor) se llevó el secreto a la tumba. (¡Ah! ¿Que el tal Gene no ha muerto aún? ¡Si no lo ha hecho es que no hay justicia en este mundo!).

La información que he encontrado en el libraco de Foster (*op. cit.* pp. 45-48) asegura bajo palabra de honor que en la nave cada día había torneos de mus galáctico, celebraciones de cuatro o cinco cumpleaños, una comedia escolar y al menos un nacimiento, pues estamos hablando de una tripulación con familias biparentales (las otras familias no solían pasar los *tests* de admisión para ser ciudadanos de la Confederación de Planetas, lo que nos da una idea de lo que será el futuro).

La nave tenía 42 cubiertas y literalmente miles de habitáculos individuales, decorados todos de forma minimalista (barata), por no decir algo peor. Las cubiertas 10 y 12 albergaban las salas comunes y de entretenimiento. Sus protagonistas se pasaban la vida en el puente de mando y en la enfermería. Todos los pasillos y ascensores parecían iguales y a dos tercios de la tripulación nunca teníamos ocasión de verlos, porque estaban durmiendo.

Las puertas se abrían mediante una célula fotoeléctrica que curiosamente se comercializó durante los años en que se rodaron los primeros episodios de la saga. ¡Lástima que los científicos no consiguiera inventar también sus transportadores de moléculas, para que pudiéramos transportar bien lejos a algunos de nuestros parientes más latosos!

HOUSE (2024-2012)

Hablemos del doctor Casas[26] y de *House*, serie de médicos que se emitió en España algunas noches y que muchos vimos, como mal menor ante la opción de los programas nazis (esos que se dedican a encerrar a los subnormales en alguna casa o isla para hacer con ellos algún experimento).

Cuanto más atención pusimos en la serie, más nos saltaron a la vista sus defectos y particularidades. Enumerarémoslos (¡Huy, qué giro más raro!).

House (médico loco y genial, pero que el noventa por ciento del tiempo roba su sueldo) tiene un equipo de doctores jovencísimos. Este cliché estadounidense nos fastidia: si no eres experto mundial en algo a los veintidós años, tu vida es un fracaso y ya puedes ir haciendo las maletas en irte a hacer gárgaras.

House es un personaje complejo, al parecer. Queremos decir con esto que está copiado de varios. Es una mezcla de Sherlock Holmes (se pincha morfina cuando se aburre por falta de casos), Robinsón Crusoe (no se afeita la barba), el Cid Campeador (no se lava), la madrastra de Cenicienta (es antipático como él solo), etc.

House es un tacaño, porque debe de ganar una pasta y no se compra camisas nuevas, como hacen continuamente los de su equipo.

House no lee ni consulta notas, ni busca en Internet. No se actualiza: todo lo que sabe lo sabe ya de antes; no precisa aprender más. Es una enciclopedia viviente (a esto se le llama también «arterioesclerosis intelectual»).

---

[26] *Aquí se traduce todo. ¡Ya está bien de presumir de que los españoles sabemos inglés!*

Los tecnicismos de sus diálogos no se los salta un gitano. House le exige a su equipo, por ejemplo:

«—A ver: un diagnóstico diferencial.

»—Puede ser cotopsicoendiosis crónica.

»—No, porque tiene los transbutazones muy altos.

»—Eso no encaja con un cuadro de mepatopatía súbita del filogastrio.

»—Hagámosle una resonancia ortobuzónica.

»—Ni se te ocurra: eso dispararía sus niveles de mitolitosis y podría producirle una vascogalgia con retinosidades calcipirientes.

»—¿No podemos hacer nada? Sus filecos se incrementan por minutos.

»—Suministradle proxibetapitos por vía oral; eso contendrá la citosis y nos dará tiempo para averiguar qué es lo que tiene.

»—¿No podría ser el Síndrome de Myers-Brun?

»—Muy bueno. Eso explicaría la fenoscilia del píloro. Dadle butaceno.»

En resumidas cuentas: era una serie llena de defectos médicos y narrativos.

Y, sin embargo, nos gustaba. ¡Oh, paradoja!

¿Qué será, mamita, lo que tiene el negro?

Porque ya dijo William Somerset Maugham que, para escribir ficción, cualquier tipo de ficción, había que respetar tres reglas especialísimas y totalmente imprescindibles.

Pero también dijo que nadie sabía cuáles eran esas reglas.

BONANZA (1959-1973)

En la década de los cincuenta las series de vaqueros dominaban la naciente y balbuceante televisión, saturando a toda una generación con pieles-rojas, *sheriffs*, caballos y salones con pianistas y tahúres, donde todos los días se cruzaban disparos y se rompían mesas en peleas generalizadas que parecían entretener sobremanera a los participantes.

De todas aquellas series quizá ninguna más celebrada que *Bonanza* (1958-1974). Por cierto, no sé a qué viene lo de «bonanza» (del latín vulgar *'bonacia'*, «tiempo tranquilo o sereno en el mar»), cuando allí no solo no había mar, sino que andaban siempre todos a guantazos.

Los que, por nuestra desgracia, estamos ya lo bastante decrépitos como para haber conocido esta serie mítica no olvidaremos su chapucero inicio: un mapa a escala 1/1 000 000 de «La Ponderosa», pintado por un cartógrafo zurdo, que inexplicablemente comenzaba a arder por el centro mientras se escuchaba el tema musical. Se veía entonces por el agujero a los cuatro Cartwright cabalgando hacia la cámara, cosa harto inexplicable, porque si alguien se ve acuciado por el irrefrenable deseo de cabalgar hacia un mapa —cosa de por sí difícil—, tiene que ser muy estúpido para hacerlo precisamente cuando el mapa se está quemando.

La serie contaba a saltos la historia de los Cartwright: un padre viudo (Ben) y sus tres hijos (Adam, Hoss y Joe), poseedores de «La Ponderosa», un enorme aunque cuco rancho de 600 000 acres donde no crecía nada. Empezó a funcionar (la serie, no el rancho) en 1958 y duró hasta 1974, o sea que pasaron dieciséis años y ninguno de los tres hermanos se echó novia en todo ese tiempo, por motivos que no trascendieron hasta mucho después.

Sus guiones se caracterizaban por historias dulzonas, sentimentales y familiares, que contrastaban con *El virginiano, Caravana* y otras series oesteras de más acción: una maniobra dirigida a captar el interés del público femenino (y perder el del masculino, de paso).

Una característica inamovible de la serie era que cada uno de los hermanos poseía únicamente una muda de ropa. Los tres siempre vestían igual y los trajes no se les manchaban de un episodio para otro por mucho que los hermanos se pelearan a puñetazos en el granero para decidir a quién le tocaba sacar de paseo a las vacas.

El ficticio emplazamiento de «La Ponderosa» se encontraba al sur de Virginia City, junto al lago Tahoe, en el estado de Nevada.

Solo se filmaba la parte delantera de la casa (por detrás pasaba una autopista) y aunque la fachada indicaba que la mansión tenía dos pisos, por dentro solo había uno. Los interiores se rodaban en Hollywood, en un *set* que había servido para cuarenta y dos *westerns* de John Ford y que los espectadores tenían ya más visto que *Sonrisas y lágrimas*. Se rodaban muchos falsos exteriores con paisajes pintados por escenógrafos (zurdos también: era una exigencia del sindicato).

Como es costumbre en la industria cinematográfica norteamericana, cuando la serie no dio más de sí, se envió al elenco a hacer gárgaras y con el rancho se hizo un parque temático. La Ponderosa Park funcionó treinta y siete años y llegó recibir entre mil y dos mil visitantes diarios, la mayor parte de ellos asiáticos, especialmente atraídos por la cultura del *cowboy*, hecho sobre el que es mejor que no hagamos ningún comentario.

REX, UN POLICÍA DIFERENTE (1994-2015)

Cuando tienes que explicarle a alguien en qué consiste la figura retórica del oxímoron —o sea: una contradicción en términos en la misma frase, rayana en lo imposible—, uno de los mejores ejemplos que existen (junto con 'silencio sonoro', 'izquierda unida', 'agua seca' e 'inteligencia militar') es el de 'buena serie alemana'. (Si esto es así, imaginarán cómo son las austriacas, como en el caso que nos ocupa).

Pero toda regla tiene su excepción en este bajo mundo y en el presente caso esta se da en el tratamiento perruno del misterio policial. Rex es un pastor alemán que sabe más que Friedrich (más que Lepe, en versión teutona) y que muerde siempre a los malos precisamente donde más les duele (ya el lector se imaginara de qué parte anatómica estamos hablando), después de haber seguido su pista y haberles olisqueado a placer.

El comisario Rex (no sabemos por qué le privaron de su bien ganado rango en el título en castellano) es más listo que todos sus compañeros de departamento juntos e incluso ayudados por algunos colegas de la comisaría más cercana. Los delincuentes vieneses no saben con quién se juegan los cuartos y acaban indefectiblemente enchironados y a la sombra por estar en el momento equivocado y en la ciudad equivocada, pero con el perro correcto.

En la serie aparecen alternativamente otros personajes, como Richard Moser, Ernst Stockinger, Peter Höllerer, Leo Graf, Max Koch, Christian Böck, Fritz Kunz y Marc Hoffmann, y no sabemos por qué les mencionamos a ustedes los nombres de todos estos señores, ya que el único importante aquí es el can: los demás vienen de relleno y son fácilmente sustituibles.

Reginald von Ravenhorst es nombre del perractor que interpreta el papel de Rex y lo hace de maravilla, como, por ejemplo, cuando finge que no le apetece nada bañarse, algo que en realidad sí le gustaba mucho al perro en la vida real.

El show de Lucille Ball (1951-58)

Ya tenía que ser bueno este ejemplo de *sitcom* para que tolerarásemos las risas enlatadas, que sonaron aquí por primera vez en España. (En realidad, no eran enlatadas, sino las espontáneas que soltaba el público que asistía en directo al *show*). Pero Lucy era buena y todos la queríamos… algunos, incluso más que a la protagonista de *Embrujada*. Esta ama de casa con aspiraciones artísticas veía siempre frustrados sus intentos de independencia de la tiranía del mundo de las marujas estadounidenses. Los guiones eran de calidad y, para hacernos reír sanamente, no necesitaban meter las estupideces que hacen las comunidades de vecinos.

The Rookie (2018-2024)

A la hora de escoger una serie policiaca representativa para explicarla, nos ha gustado esta, en donde tenemos a un señor cuarentaycincuentón que entra de novato en el Departamento de Policía de Los Ángeles para cumplir su sueño (y el de muchos de sus compatriotas) de poder dispararle a la gente a placer y sin consecuencias legales.

Al cabo de poco, el agente Nolan demuestra que todo el cuerpo, con toda su experiencia en combatir el crimen y comer dónuts, es mucho más inútil que él, que acaba de empezar.

Lo único que se saca en claro es la gran cantidad de delincuentes por metro cuadrado que tienen los Estados Unidos. (Aquí, En Europa, somos principiantes a su lado en esto de ir contra la ley, pero América es la tierra de las oportunidades y allí todo se hace a lo grande).

En realidad, la serie no es gran cosa argumentalmente[27], pero se mantiene gracias al intérprete protagonista (Nathan Fillion), que será o no buen actor —ya es cuestión de gustos—, pero que se ha ganado muy bien la vida en el mundillo seriil a base de ser simpático (como lo era aún más en la serie *Castle*, también sobre un neófito que metía las narices en temas policiales). No tenemos reparo en pronosticar que Fillion, con su seductora sonrisa y exquisitos modales, acabará convirtiéndose en el Arturo Fernández de Hollywood.

PERRY MASON (1957-1966)

Esta fue la serie policíaca más duradera de la historia televisiva, pues vio diversas continuaciones que se emitieron una detrás de otra (excepto la primera, claro está). El argumento siempre era el mismo, aunque los espectadores nunca se dieron cuenta. El falso culpable le presentaba su complicado caso a Perry, que era un hueso y no daba nunca su brazo a torcer. Descubría al verdadero asesino (pues no se rebajaba a delitos menores) y en una larga escena de juicio demostraba que él era más listo que todos los demás en la serie. El personaje lo creó Erle Stanley Gardner y tuvo mucha

---

[27] La página crítica *Rotten Tomatoes* (que parece ser que es donde se deciden estas cosas) le otorga un 6,33 sobre 10, lo cual es un aprobado alto, pero sin alharacas.

popularidad, por lo menos en España, donde iba a la cárcel muchísima gente, culpable o no.

ROMA (2005-2007)

Como esta peplúmtica serie era muy buena, la tuvieron que cancelar. (Entendámonos: era de gran calidad en sus guiones, ambientación, escenografía, vestuario, utilería, etcétera, aparte de tener también buenos actores, en todo lo cual los productores se gastaron tanto dinero que no pudieron continuar).

Se describe en ella el paso (o, más bien, traspiés) de la República romana al Imperio *idem*, que es lo que se cuenta siempre, porque tanto la monarquía anterior como la época de los emperadores son más aburridas y, además, una historia de Roma donde no se vea el apuñalamiento de Julio César ni es historia de Roma ni es nada.

La trama comienza con César arreándole de lo lindo a Vercingétorix, el valiente aunque cochambroso caudillo celta, pero pronto vira hacia la guerra privada que se traen Pompeyo (plebeyo que lidera el partido de los patricios) y el propio Julio César (patricio que lidera el partido de los plebeyos, para confundir aún más al espectador). Muerto César de veintitrés puñaladas exactas que le dieron en las escaleras (precisemos: se las dieron en los riñones, mientras estaba subido en las escaleras del Senado), Octavio (futuro emperador) y Marco Antonio (futuro fiambre, porque lo matan) se enzarzan en otra guerra también civil, aunque un poco más pequeñita que la anterior.

Las peripecias por las que pasan dos soldados de la XIII Legión a los que van ascendiendo según sus merecimientos y sus contactos familiares (esto también lo inventaron los romanos, al igual que el derecho y los acueductos) sirven para rellenar los episodios y de pretexto para mostrar abundantes desnudos destinados a que el público vea la serie aunque solo sea por eso.

Roma se filmó con una cámara Arriflex 535, con negativo de 35 mm (Kodak Vision2 200T 5217), aunque sospechamos que este dato no sirve absolutamente para nada a la hora de transmitirles a ustedes lo bonita que es la serie.

LOS INTOCABLES (1959-1964)

El incombustible Eliot Ness, capaz de disparar varios cargadores de metralleta sin que se le moviera ni un milímetro el sombrero, iba siempre acompañado de unos ayudantes a los que llamaban «intocables» por alguna razón que no ha trascendido. Ness era un empleado de la Tesorería y fue quien había empapelado a Al Capone por no pagar impuestos. En la serie se dedicaba a perseguir a los que tenían mucha sed y se saltaban a la torera la Ley Seca. Eran todos *gangsters* con nombres italianos, como Dios manda. La serie se caracterizaba porque tanto a policías como a delincuentes les encantaba subirse a los alerones de los coches en marcha.

EL FUGITIVO (1963-1965)

Al doctor Richard Kimble no solo le mataban a su mujer, que estaba de muy buen ver, sino que, encima, le acusaban de haberla asesinado él. Tenía que huir por todo el país aceptando los trabajos más pigres y cochambrosos imaginables, mientras reunía pruebas de su inocencia. Buscaba a un manco que, al parecer, tenía algo que ver en el crimen. En cada episodio aparecía uno, pero, ¡oh, sorpresa!, no era el manco de marras. El capítulo en el que se resolvía el barullo fue el segundo programa más visto nunca en los Estados Unidos, precedido únicamente por el asesinato en directo de Kennedy que, según fuentes bien informadas, gustó mucho más al público.

MISIÓN IMPOSIBLE (1966-1968)

Cuando la cinta magnetofónica que transmitía órdenes a los espías se autodestruía en quince segundos, los espectadores nos quedábamos con la angustia de que con una sola audición no hubieran oído o entendido bien el mensaje. Los agentes del FMI (no el Fondo Monetario internacional, sino la Fuerza de Misión Imposible, otro organismo norteamericano de defensa, por si tuvieran pocos) se especializaban en hacer lo que no se podía hacer: de ahí el título de la serie. Recibida la orden, el jefe del «comando» podía elegir a sus compañeros de misión, lo cual era una superfluosidad, porque siempre seleccionaba a los mismos. Su equipo estaba constituido por un fortachón, para dar mamporros; un técnico de tecnología preinformática, que siempre sabía qué cable cortar en la bomba de turno; un frégoli, experto en disfrazarse de muchas cosas distintas a gran velocidad (como Mortadelo, el compañero de Filemón), y, por último, una tía buena que servía para hacer muchas cosas, aunque no esas en las que están ustedes pensando, sino principalmente para poner cachondos a los enemigos de América y que estuvieran así más vulnerables.

Generalmente la acción se desarrollaba en un país satélite de la Unión Soviética, donde había malos comunistas (no malos comunistas, sino comunistas malos, queremos decir) para aburrir y que, pese a su condición de espías camuflados, eran fácilmente reconocibles simplemente por ser mal encarados. En las últimas temporadas, los enemigos de la libertad y de la democracia ya actuaban en los Estados Unidos y los buenos podían trabajar sin salir de casa, con lo que el Estado se ahorraba muchos dólares en viajes, hoteles y dietas, y los agentes se evitaban tener que aprender idiomas, algo que a los americanos nunca se les ha dado bien.

La casa de los Martínez (1967-1971)

Esta serie intentaba mostrar la vida de una familia española típica de la clase media en los años sesenta, lo que no dejaba de ser irónico, habida cuenta de que tal familia tenía una casa enorme (ya pagada) y podía mantener una criada y una cocinera (que eran las verdaderamente interesantes, porque todos los demás miembros de la casa era más bien sosos).

Y como —al parecer— sucedía en todas las casas típicas españolas durante el franquismo, diariamente venía un famoso a saludarles y a que le hicieran una entrevista. A cada invitado le regalaban una enorme llave de la casa que, por barata que fuera, suponemos que supondría una merma sustancial en las finanzas familiares. El mensaje era que en España, entonces, todo el mundo era significativamente feliz. ¡Ah! Los Martínez tenían, además, otra casa preciosa y enorme (también pagada) en el valle del Tiétar, como todos los Martínez habidos y por haber.

YELLOWSTONE (2018-2022)

Para desencanto nuestro, en esta serie no salen por ninguna parte ni el oso Yogui ni el simpático Bubu, sino que es una historia llena de gentuza en la que se matan los unos a los otros con una pasmosa facilidad.

En broma en broma, ya llevamos unos cuántos añitos del siglo XXI, pero en Montana, por lo visto, aún no se han enterado. Los rancheros y cuatreros de por allí siguen viviendo en el XIX, llevando revólveres hasta en la ducha, montando a caballo para ir a la tienda de la esquina a comprar el pan, robando alegremente reses del rancho del vecino, pegando tiros al aire para celebrar los cumpleaños de los niños y tirándoles a la cabeza serpientes de cascabel a todos aquellos que les caen gordos a los protagonistas.

Las historias de sagas familiares siempre gustan y, al parecer, si los sagados (los descritos en esas sagas) son violentos, pues mucho más. El truco para conseguir la aceptación popular ya no consiste en plantear la dicotomía maniquea entre buenos y malos, sino entre malos y peores, porque la gente no quiere que sus héroes sean santos, sino que pateen concienzudamente a sus adversarios (en la cara, a ser posible) y eso se supone que la gente buena no lo debe hacer.

CRÓNICAS DE UN PUEBLO (1971-1974)

Para explicarles a los españoles el Fuero de los Españoles se rodó una serie políticomoral que sonaba a social, pero no: *Crónicas de un pueblo*. El lugar en cuestión era Puebla Nueva del Rey Sancho. Y allí no pasaba nada de importancia, pero las pequeñas aventuras de sus moradores servían perfectamente para insertar modelos de conducta. El alcalde (y, por ende, Jefe local del Movimiento —léase Falange—), el médico, el cura, el maestro y la Guardia Civil, o sea, las «fuerzas vivas», todos ellos, con sus intervenciones ilustraban el comportamiento deseable de los ciudadanos. Incluso aquellos que desempeñaban oficios más humildes (como el cartero o el pregonero) enseñaban con el ejemplo.

El corolario de aquella teoría de la convivencia deseada era: «Haz lo que te dicen que hagas y todo irá bien». Hoy en día sigue habiendo mucha gente que añora este espacio televisivo y otros parecidos.

EL MINISTERIO DEL TIEMPO (2015-2019)

Los personajes de esta serie se proponen nada más y nada menos que arreglar la historia de España, lo cual es un objetivo que tiene pocas posibilidades de materializarse. El segundo propósito es procurar que dicha historia no se estropee más aún, que todo podría suceder.

Estos viajes en el tiempo los gestionan funcionarios y así salen ellos. El Ministerio se ocupa de rectificar errores del pasado, enviando agentes secretos acá y acullá, a distintos momentos, para desfacer entuertos y reguisar desaguisados. Los oficiales (y asesores) del Ministerio responden solo ante la Presidencia del Gobierno y ocultan sus actividades a los ministros, a los que —creemos que con toda razón— consideran poco de fiar.

Como es de esperar, los personajes acaban haciendo uso ilegal de las puertas temporales para visitar sus propias tumbas o a antepasados e imaginamos que para saber qué número saldrá premiado en la siguiente lotería y rentabilizar también sus inversiones en quinielas.

En la trama aparecen personajes esperados, como Velázquez, Lope de Vega, Franco, Lorca, el pesado de Cervantes, algún Felipe (creemos que Felipe III, el de la gola grande) y José María «el Tempranillo» (¿o era Luis Candelas o Rodrigo Rato?; no estamos seguros: un bandido de esos, no estamos seguros de cuál).

La serie tuvo en su momento tanta aceptación que se convirtió en un fenómeno en las redes sociales, surgiendo a partir de ella una legión de *fans* que se denominaron 'ministéricos' o 'mini histéricos'. A algunos comenzó a fascinarles la historia de España (cuando, hasta ese momento les había importado un *Capsicum annum*, vulgo pimiento morrón), pero ya sabemos que hay gran número de *homo videns* para quienes si algo no aparece en la «tele», no existe y viceversa.

EMBRUJADA (1964-1968)

La simpática (y sexy) Samantha tenía serios problemas para resolver los conflictos cotidianos que se le presentaban en su condición de ama de casa estadounidense. ¡Menos mal que era bruja y podía echar mano de sus poderes mágicos con solo mover su respingona naricilla!

Ella no quería ser bruja y procuraba no ejercer y, sobre todo, que su marido no se diera cuenta y se asustase. Pero no es fácil que un marido no acabe por darse cuenta de que su mujer es una bruja. Los conflictos en los que esta situación la metían constituían el ensamblaje cómico de la serie. Y luego estaba su madre. ¡Pobre Darrin! Su suegra era también una bruja, solo que literalmente. Sus hijas también resultaban serlo. Pero, aun así, él nunca se percataba del hecho, porque era un hombre rematadamente tonto, lo que no le impedía trabajar (y con éxito) en una agencia de publicidad.

LA FAMILIA MONSTER (1964-1965)

Esta serie (abuela de *La familia Adams*) era un cántico a la diversidad. La protagonista era la hija, una chica normal, la oveja blanca de la familia, por así decirlo. Su padre era el monstruo de Frankenstein, su madre era mujer siniestra que vivía entre telarañas, su abuelo era un vampiro y sus hermanos... monstruitos que se dedicaban… a lo que se dedica a los monstruos: a dar sustos a los meros mortales. La casa era fantasmagórica y el negocio familiar, una funeraria.

Cuando la chica tenía un ligue y se consideraba en la obligación de presentárselo a la familia, ¡claro!. Y ahí empezaba el conflicto. ¿Cómo conseguir no ahuyentar al candidato a novio? Ni que decir tiene que la protagonista acababa solterona.

A los personajes de la familia les cogías mucho cariño y asco a la gente normal, que les discriminaba con crueldad, aunque estos seres eran completamente inofensivos. La moraleja es que si eres diferente a los demás, ellos te tratarán mal, algo que ya sabíamos y que no hacía falta hacer una serie para demostrar. Aun así, era un programa muy divertido.

LOS BRIDGERTON (2020-2023)

Esto no es sino un *Gossip Girl* de época, pero de una época curiosísima: un periodo estilo Imperio en donde la reina de Inglaterra es una mujer de color (y no de cualquier color, sino de raza negra) y en cuya corte indios y chinos se hallan proporcionalmente representados. Este intento de inclusión racial no está muy bien hecho y seguro que, cuando lo vean, los papúes de Nueva Guinea protestarán porque a ellos les hayan dejado fuera de este planteamiento tan *woke*.

En fin: en esa descafeinada corte no pasa nada: ni guerras ni inflación. Ni tampoco hay clase media ni clase baja, ni ninguna otra clase de ninguna clase, sino solo aristócratas (que parece que se deben de lavar ellos mismos los calcetines a falta de sirvientes). Todo lo que sucede al cabo del año es un baile de sociedad en cada episodio (o dos en algunos) y un interés malsano por el cotilleo que una pluma anónima plasma en un libelo que trae a mal traer a las niñas casaderas del reino, a las que no parece importarles ninguna otra cosa sobre la faz del tercer planeta, entrando en el sistema solar a la derecha. La intriga es mínima, el público sabe desde siempre quién es la que escribe los chismes y los personajes también se lo pueden figurar sin demasiado esfuerzo, pues es precisamente quien parece serlo. Al final, como afirma el tópico, el asesino es el mayordomo.

EL SUPERAGENTE 86 (1965-1968)

Maxwell Smart era el paródico James Bond, el mejor agente de C.O.N.T.R.O.L. (un organismo del recontraespionaje), y se dedicaba a combatir a los malos de K.A.O.S. Estos eran bastante tontos e ingenuos en su maldad; como los de C.O.N.T.R.O.L. tampoco eran lumbreras, la lucha estaba bastante igualada.

Entrar a trabajar a través de una cabina telefónica o telefonear por un zapatófono eran algunas de las particularidades de 86 y otros agentes, como la agente 99, que resultaba un agradable contrapunto al protagonista. Los guiones eran de Mel Brooks, quien se ocupaba de que en cada episodio el informador que ayudaba a Maxwell estuviera escondido en un sitio cada vez más imposible: dentro de un árbol o de un buzón de correos, en el alcantarillado o en la taquilla de la consigna de una estación de tren. El pobre se aburría mucho dentro de su árbol (o lo que fuera) y procuraba que cuando sus compañeros acudían a él para recibir instrucciones, le dieran conversación durante mucho rato.

Por cierto: al igual que en *Misión imposible,* los dispositivos se autodestruían enseguida tras dar su mensaje, con consecuencias no siempre seguras para los agentes secretos.

FANTASMAS (2019-2023)

Una simpática pareja de londoninos, londoneños o londinenses (que de las tres formas puede decirse, si no te importa decirlo mal) sin una peseta (y sin una libra esterlina tampoco) hereda una aristocrática, rota y musgosa mansión llena de no menos simpáticos fantasmas que murieron por allí.

Alison se pega un trastazo en la cabeza y, a partir de ahí, puede ver a los transparentes inquilinos perpetuos de la finca. Ante el dilema entre salir corriendo hasta llegar a Charing Cross y allí coger un tren a Manchester o más lejos o bien rentabilizar la propiedad de alguna manera, los mortales deciden pasar de espectros y dedicar el edificio para la BBC (bodas, bautizos y comuniones), alquilado, claro, con los consiguientes líos que organizan los fantasmas, a los que no les gusta demasiado que venga gentuza viva a turbar su eterna paz.

(Como era de esperar, en cuanto esta serie británico-bebecéica logró algo de éxito, los Estados Unidos compraron los derechos para repetirla).

Los fantasmas incluyen arquetipos fijos: la puritana dama victoriana, el poeta romántico byronesco, el militar de segunda (de la Segunda Guerra Mundial queremos decir), la apestada medieval, el *boy-scout* estúpido, el revolucionario descabezado, el político corrupto, alguno más que se nos está olvidando y el troglodita sensato (que lleva allí más milenios que los otros y es el más listo, porque la experiencia es un grado). Y aparte de estos seres, en el sótano hay más.

Humor y miedo se combinan aquí perfectamente. La gracia la ponen los fantasmas y el miedo lo dan los humanos que aparecen por allí, que son más conflictivos y peligrosos que todos los entes espectrales habidos y por haber.

EL SANTO (1967-1969)

Un Robin Hood con corbata: Simon Templar, autoapodado «El Santo» (que dejaba allí donde iba una tarjeta de visita en la que se veía a un señor con un halo de santidad alrededor de la cocorota). Templar era un ladrón de guante blanco (que se quitaba los guantes para abrir las cajas de caudales, porque con los guantes puestos le era imposible hacerlo). Solo robaba a ricos que eran ladrones ellos mismos, restituyendo lo robado a sus legítimos dueños o a otros pobres cualesquiera. Parecía creer en la afirmación de Balzac de que detrás de cada gran fortuna hay siempre un crimen.

«El Santo» era muy simpático y curiosamente gustó más en blanco y negro que cuando se modernizó y comenzó a emitirse en color.

Roger Moore —el actor protagonista— se recicló y pasó a ser James Bond 007 cuando Sean Connery dejó el papel en esas películas porque quería cobrar más.

CUÉNTAME CÓMO PASÓ (2001-2023)

La idea de esta serie surgió —evidentemente— de la película *Forrest Gump*, en la que el protagonista se veía metido en todos los fregados de su país y salía en las fotos junto con todos los presidentes. Aquí es toda una familia la que protagoniza los sucesos destacados de España desde los años sesenta hasta hoy, por lo cual su cabeza (el de la familia) tiene que cambiar de oficio catorce veces, para justificar sus constantes intromisiones en la política nacional.

La serie recrea (casi) acertadamente aquella realidad española: en los episodios ambientados en el tardofranquismo, la familia Alcántara (protagonista del espacio) comía en platos de Duralex y bebía vino con Casera todos los días. Hasta ahí bien. La ambientación es excelente y los botes de ColaCao que se ven en la casa (*product placement*, lo llaman ahora) son, en efecto, los de entonces.

Lo que no es lo de entonces es la lengua que empleaban los personajes, plagada de expresiones que no se inventaron hasta bien entrados los noventa. Así, en vez de decir «¡Te aguantas!» o «¡Te j****!», los personajes, en esa situación, decían: «¡Ah! ¡Se siente!». Los guionistas, obviamente, eran bastante jovencitos y si hubiesen tenido que incluir en la serie un discurso del Generalísimo Franco, no hubiera sido raro que le hicieran a decir algo así como «Españoles: hoy es un día chachi pirulí para los destinos de la patria. La iglesia mola y la Falange es muy *cool*, en plan...».

En cuanto al tipismo, ha de decirse que a algunos de los actores que intervenían en la serie les han acabado acusando de defraudar a Hacienda. No puede imaginarse nada más español que esto.

(Por cierto: en aquellos años a los que recordamos con horror desde nuestro actual «estado del bienestar», una familia con tres hijos comía, vestía y pagaba el alquiler con un único sueldo en casa. No es por nada).

OUTLANDER (2016-2022)

Una enfermera bibelicomúndica[28] se las apaña para perderse en un bosque, encontrar pedruscos druídicos, tocar lo que no tenía que haber tocado de ninguna de las maneras y caerse de pompa en el año de gracia (de poca gracia, hay que reconocerlo) de 1743, en el que como recordarán todos aquellos de ustedes que estaban vivos por aquel entonces había muchos escoceses escocidos por lo mal que les trataban los ingleses y se dedicaban a planchar sus *kilts* para estar bien elegantes en día en que triunfara la rebelión que planeaban contra ellos.

Claire —porque así se llama la enfermera— se enamora de un señor con falda, pero muy romántico, y empieza consecuentemente a echar menos de menos a su marido sigloveíntico[29].

Curiosamente, el malo inglés que maltrata a los escoceses buenos (un maniqueísmo que tira de espaldas) lo interpreta el mismo actor que hace de marido. Para esto no encontramos muchas explicaciones. Una sería que inconscientemente ella odia a su esposo y se lo encuentra en el pasado en carne y hueso. Otra, que el marido es descendiente del malo y, por ende, ha sacado sus mismas narices: de ahí el parecido. La tercera —creemos que la correcta— es que el marido tiene poco papel y los productores, ya que le pagan, aprovechan para que doble personajes y así ahorrarse el sueldo de un actor.

---

[28] Neologismo de nuestra invención, con el que hemos querido decir «de la Segunda Guerra Mundial». (No sabemos si nos ha salido bien).

[29] «Del siglo XX». Creemos que esta palabra la hemos inventado más correctamente que la anterior y que suena mejor.

Cómo fuere: ella deja de tener interés en volver a las piedras del presente y a partir de ahí todo es culebrón rural y mugriento, porque por allí hace demasiado frío como para lavarse y los escoceses son valientes, pero no tanto.

No contamos el final, porque entonces nadie tendría paciencia para verse las once temporadas[30].

Yo, Claudio (1976-1978)

Este *peplum* televisivo explicaba vida y milagros de un montón de emperadores, desde Tiberio hasta el pirado de Nerón, pasando por el archipirado de Calígula y el titular de la serie, que no era un tirano, sino solo algo retrasadillo, el pobre. Aquello era todo un culebrón familiar, porque lo que pasaba fuera de palacio, en el Imperio, ocupaba poca parte de los guiones y parecía que no importaba demasiado.

La figura de Claudio se muestra como un listo entre tontos que le creían tonto a él mismo. El protagonista se convierte en emperador por carambola y no lo hace de todo mal, pues consigue mantenerse durante varios capítulos sin que le asesinen.

Tras su emisión, hubo una Romamanía aguda y las películas «de romanos» se pusieron más de moda que después del estreno de *Ben-Hur*. Sirvió para que muchos europeos recordaran que el Imperio abarcó sus países y que ellos estaban romanizados, les gustara o no, lo supieran o no.

Urgencias (1994-1996)

Esta era una serie de médicos y de enfermeras que se enamoraban de los médicos completamente igual a las otras series de médicos y de enfermeras que se enamoraban de los médicos. Solo que duró más temporadas. En cada episodio había nuevos tiros, apuña-

---

[30] En realidad, las temporadas de la serie son solo siete, pero se hacen mucho más largas.

lamientos, atropellos y etcétera que llevaban al hospital a pacientes a los que les hacían un montón de pruebas médicas que ellos tardarían muchos años en poder pagar. Unos se curaban (los más), otros se morían (los menos) y, entre tanto, pasaban cosas sexuales entre el personal. De estos capítulos se deducían varios corolarios comunes a otras series.

En ellas siempre siempre hay un médico listo que averigua qué enfermedad rarísima tiene el paciente, mientras que los otros galenos no tiene ni pajolera idea de lo que están haciendo.

Los médicos ganan una pasta (a juzgar por sus casas), pero casi nunca duermen allí ni saben hacer la compra (las neveras están vacías), aunque, eso sí, todos se piden un café para llevar para llegar con él en la mano a su turno del hospital. (El café *latte* de los médicos es tan obligatorio como los dónuts en las series de policías).

Los médicos no se llevan bien con la familia. El número de divorcios, hijos que no te hablan, hermanas drogadictas y etcétera es altísimo en estas historias.

El sexo sí, pero las relaciones de pareja no les importan mucho, porque si a alguno de los dos le ofrecen un empleo en otra ciudad, nunca lo rechazan para quedarse con su pareja, sino que rompen con ella y se van a donde sea en busca de un sueldo mejor.

Hay más conclusiones que sacar, pero con estas ya es suficiente.

EL TÚNEL DEL TIEMPO (1966-1967)

Cuando los protagonistas se caían (no se sabía cómo) por una espiral blanca y negra (salida de no se sabía dónde), acababan llegando a otra época distinta. Lo bonito de los viajes en el tiempo es poder elegir cuándo y a qué lugar, pero aquí esta condición no se daba, sino que, tras la costalada, los viajeros a su pesar se veían inmersos en los lugares y momentos más conflictivos de la historia y de una manera u otra acaban recibiendo una paliza.

Luego se planteaba un conflicto de difícil resolución y cuando el guionista llegaba al clímax del episodio y tenía que inventarse algo para justificar lo acaecido, se iba por los cerros de Úbeda, mandaba a los personajes al túnel de nuevo y el problema planteado quedaba atrás. Muchas veces este viaje sucedía cuando les iban a ejecutar por haber perturbado a la sociedad del momento. La serie bien se podía haber titulado *Salvados por los pelos*.

Según este programa, en todos los momentos de la historia las gentes no hacían sino darse continuamente de bofetadas. A decir de los historiadores, este presupuesto es por completo cierto.

M. A. S. H. (1972-1983)

Un ejemplo de cómo la guerra puede ser muy divertida es esta serie ludicobélica basada en una película de título del mismo éxito. Estamos en la guerra de Corea (1950-53), aunque lo que se quiere representar es la otra guerra de por allí: la de Vietnam; y todo lo que se nos cuenta es de un antibelicismo tan meritorio como recalcitrante, con unas dosis intensivas de humor negro (o, más bien, rojo). De hecho, nos preguntamos si este tipo de documentos de denuncia no acaba por ser contraproducente.

Sí, porque al ver estas historias de un hospital de campaña en primera línea de fuego, al poco tiempo te olvidas de la sangre por doquier y de las vísceras que se les salen a los heridos y se les caen al suelo: solo pones atención a las estupideces y absurdidades de los norteamericanos, a su actividad en su improvisado mercado negro de bombones y chocolate, y, sobre todo, a los contenidos sexuales con los que los médicos y enfermeras se distraen para no pensar mucho en lo que están haciendo.

El título es un acrónimo de Mobile Army Surgical Hospital (Hospital Quirúrgico Móvil del Ejército) y como palabra significa algo así como «pulpa», que es en lo que se convierte la mayor parte de los soldados que se apuntaron o les apuntaron a aquella guerra.

FARMACIA DE GUARDIA (1991-1995)

Fue la serie más vista en la historia de España, lo cual no habla demasiado bien de los otros programas que se emitían en su momento.

La trama va de una farmacéutica separada, pero que sigue teniendo «tensión sexual no resuelta» (no sabemos por qué), con su marido, un simpático donjuán. El resto de la familia anda por medio y las situaciones embarazosas se amontonan, porque el esposo se pasa el día metido en la rebotica.

Todo el barrio pasaba por allí en uno u otro momento y la cantidad de cotilleos que escuchaban aquellas paredes alcanzaba cifras astronómicas. De los doscientos arquetipos de personajes que estudia la teoría literaria no faltaba casi ninguno, con lo que los argumentos resultaban de lo más resultón (valga la redundancia). Salían docenas de actores invitados que nos tememos que no cobraban nada, sino que lo hacían para que los públicos no los olvidasen. La serie ganó muchos premios y la crítica le dio el adjetivo de 'entrañable', para no tener que mojarse y decir claramente si era buena, mala o directamente pésima.

LOS SIMPSON (1989-EL DÍA DE HOY Y LO QUE TE RONDARÉ, MORENA)

Cuando nos proponemos encontrar una virtud estadounidense, la cosa se pone difícil. Pero sí que poseen una (de la que los hispanos carecemos, por cierto): la capacidad de reírse de ellos mismos y de criticarse y despellejarse (porque, ¡anda que no hay películas en las que el presidente de los Estados Unidos es un completo canalla y a nadie se le caen los anillos por verlo así representado!).

Y han usado esa virtud para detallar sus vicios, personificados en Homer Simpson, su familia, vecinos, amigos y conocidos. Su demoledora visión del ciudadano medio americano en toda su crueldad (la de la visión, no la del ciudadano, aunque también) nos ha divertido durante décadas y hasta nos ha hecho aceptar una estética de la forma y el color (amarillo) que nos chocó en un principio, pero a la que hemos acabado por acostumbrarnos.

El secreto del éxito de esta sátira social creemos que es su conceptismo, su acumulación de símbolos y sentidos. Cada frase, cada imagen es un nietzscheano martillazo dado a la «cultura» yanqui en sus instituciones y sus costumbres. El «American way of life» queda magníficamente parodiado y eso, a nosotros (que nos dedicamos a lo mismo, aunque más modestamente) no puede dejar de encantarnos.

VIAJE AL FONDO DEL MAR (1964-1965)

Las luchas enconadas entre un submarino americano y un gigantesco pulpo de goma (o cualquier otra amenaza igualmente improbable) constituían la base argumental de esta serie de viajes en la que la mitad del metraje se empleaba en mostrar cómo los oficiales subían y bajaban el periscopio para beneficio de los que nunca habíamos visto funcionar ninguno.

El «Seaview» (un submarino con nombre de hotel en primera línea de playa) tenía como misión reconocida explorar los siete mares[31] y como misión no reconocida neutralizar todas las amenazas terroríficas y casi siempre fantásticas que asolaban al planeta sin que los humanos de tierra adentro se enterasen. Para ello contaba el submarino con un rayo láser (que era lo último en aquella época) y con una valiente tripulación capitaneada por el almirante Nelson (aquí los guionistas no estuvieron muy originales a la hora de inventarse el nombre).

La acción de este espacio, que se definía como «futurista», se ambientaba entre 1970 y 1980, lo cual era un futuro más cercano que otra cosa. La U. R. S. S. no era la mala aquí; incluso a veces algunos rusos se subían al submarino para colaborar con los americanos. Los malos eran los pulpos y otros bichos, como ya hemos dichos (dicho, es que nos hemos dejado arrastrar por la inercia).

---

[31] ¿Cuáles son? Porque a nosotros nunca nos ha salido la cuenta.

EXPEDIENTE X (1993-1995)

La equis del expediente no hacía alusión al porno, sino que era la manera de referirse a lo desconocido, a la x de las ecuaciones, a la incógnita matemática que no sabes lo que es hasta que no te partes los cuernos resolviéndola.

Esta serie de «ciencia ficción suavita» se basaba en lo mucho que los humanos ignoramos aún sobre el universo y lo que tiene dentro. Abundaban en ella los fenómenos paranormales, aunque con predilección por las historietas ufológicas (de extraterrestres, queremos decir)[32].

El FBI, que no tiene otra cosa mejor en la que gastarse los dólares, mantiene contratados y con seguro dental a dos agentes (un agente y una agenta), ocupados en investigar fenómenos inexplicables y abducciones realizadas por extraterrestres, asuntos complementados siempre con las consiguientes conspiraciones gubernamentales para hacer o deshacer a placer. Mulder y Scully se enfrentan periódicamente al «monstruo de la semana», manteniendo entre ellos la típica y esperada tensión sexual no resuelta.

El éxito del espacio (del espacio televisivo, no del espacio exterior) se debió a la fama que en el folclore popular sigue teniendo el Área 51 como lugar dedicado a esconder a los marcianos muertos para que la gente no se entere de su existencia, se asuste, se escape a las montañas y deje de pagar impuestos.

ESPAÑOLES EN EL MUNDO (2009-HASTA QUE SE CANSEN DE EMITIRLO)

Este antipatriótico programa viene demostrando semanalmente que a todos los españoles nos convendría irnos a vivir a otro lado, porque en cualquier sitio se está mejor que aquí.

Eso al menos es lo que se deduce de los casoplones que nos muestran los emigrantes a los que Televisión Española elige para

---

[32] U. F. O. *Unidentified Flying Object* (objeto volante no identificado; un ovni, vamos).

enseñarnos su tren de vida. A decir de los sucesivos protagonistas, todos emigraron por amor, porque habían conocido a alguien que estaba por allí. Los abultados sueldos de los que obviamente disfrutan no parecen haber tenido nada que ver con sus decisiones de afincarse en los sitios más peregrinos del planeta tercero.

Los españolitos trasplantados siempre llevan de visita al equipo de grabación a algún lugar más o menos pintoresco: una sauna para mascotas, un restaurante con menú de insectos, un club de golf que usa las pelotas cuadradas... Cuanto más exótico el sitio, más atractivo para la audiencia.

Una constante desalentadora de todos los episodios: les preguntan a los emigrantes qué es lo que más echan de menos de España y absolutamente todos contestan de inmediato y sin titubear: «¡El jamón serrano!». Y solo un poco después se atreven a rectificar en algo y añadir: «Bueno, y también a nuestra familia, claro».

REINA POR UN DÍA (1964-1965)

Si eras un ama de casa española de los años sesenta y no te alcanzaba el presupuesto familiar para comprarte un abrigo, una minipimer o un fin de semana en Torremolinos (pero no más lejos), tenías la opción de probar tu suerte intentando que te eligieran para *Reina por un día* (programa copiado, ¡cómo no!, del estadounidense *Queen for a Day*). Entonces mandabas una carta a los estudios de Miramar en Barcelona y si escogían la tuya entre miles y miles de otras, te llamaban «para hacer que tus sueños se volvieran realidad».

Se iniciaba un programa en donde el torero Mario Cabré, haciendo pluriempleo como presentador, te ceñía una diadema de plástico, coronándote simbólicamente como la Reina de la Televisión de esa tarde, y luego te sentaba bien sentada en un trono de oropel, entre los atronadores aplausos que emitía una grabación.

«¿Cuál es tu sueño? ¿Qué deseo te corroe por dentro?», te podían preguntar. «Pues que busquen a tal o cual pariente de quien he perdido la pista», podías contestar. O bien: «Quiero una bicicleta para el próximo cumpleaños de mi hijo pequeño». Y tenías bicicleta y te traían al programa a tu tía la del pueblo, siempre que viviera cerca y no en el Paraguay o por allá.

El programa —primer *reality show* del país— hacía llorar a las marujas de toda España y abrió el camino para toda suerte de cursiladas inanes, como el *Esta es su vida*, espacio muy semejante, en el que cogían a un señor y le contaban quiénes eran sus padres, dónde había ido al colegio y cosas por el estilo, datos que él ya sabía porque le habían ocurrido a él. Imprimían esta información y se los daban hoy en un folleto, para que tuviera un recuerdo.

POIROT (1989-2013)

Los misterios criminales solo tienen cuatro posibles soluciones: 1) el asesino es alguien (el mayordomo u otro cualquiera; esto es lo más común); 2) los asesinos son todos (todos los personajes se ponen de acuerdo y matan en comandita); 3) el asesino no es nadie (porque la víctima se murió ella sola), o bien, 4) no hay asesinato (el muerto, en realidad, sigue vivo).

Pero combinando estas posibilidades Agatha Christie escribió casi un centenar de novelas y otros tantos cuentos de crímenes, la mayoría de los cuales los resuelve ese detective de cabeza de huevo duro que es Hercule Poirot, hombrecillo más preocupado por engominar las guías de su daliesco bigote que por cualquier otro suceso en el universo conocido.

(El personaje no es tan original como su nombre parece indicar, ya que está inspirado en otros dos detectives de ficción: Hercule Popeau y Jules Poiret, así es que ya ven ustedes).

El caso es que Poirot, un *monsieur* cursi y relamido como él solo, resuelve los misterios que le endilgan con la ayuda de sus «células grises» y preguntando a los cotillas del lugar, aunque despreciando pistas tan estúpidas como las huellas dactilares, el barro de las botas, la ceniza de los cigarrillos y los carnets de conducir que se les caen de los bolsillos a los asesinos.

Poirot investiga secundado por un amigo tonto (como pasaba con Sherlock Holmes, que tenía a su disposición al bueno del doctor Watson, al que le invitaba a acompañarle siempre para que a su lado resaltara más su inteligencia). En este caso se trata del capitán Hastings, que, para que no se parezca al gordo, bajito y bigotudo Watson, la autora nos lo presenta como alto, delgado y pulcramente afeitado. Por lo demás, las tramas acaban todas semejándose bastante, porque no hay nada más parecido a una novela cualquiera de doña Agatha Christie que otra novela cualquiera de doña Agatha Christie.

LOS INVASORES (1967-1968)

«Seres extraños de un planeta que se extingue. Destino: la Tierra. Propósito: adueñarse de ella. David Vincent los ha visto…». A partir de aquí el pobre David las pasaba canutas intentando convencer a sus compatriotas de que los extraterrestres estaban ya entre nosotros y que venían con las del Beri. Nadie le hace nunca caso, por supuesto. Todos le toman por loco y se burlan de él, lo que resulta más angustioso que el mismo peligro alienígena.

Como los extraterrestres asumían forma humana, no había forma humana de conocerlos, salvo por un detalle que muestra bien a las claras el nivel de talento y creatividad de los guionistas de la serie: los marcianos o venusinos o lo que fueran aquellos seres no podían doblar el dedo meñique, que tenían siempre erecto, como si fuesen niños en un colegio que le pidieran por señas a la profesora permiso para ir al baño a hacer pipí.

La moraleja de la serie era clara: no deambules por la noche por caminos solitarios, porque igual te aterriza un ovni en la cabeza y la lías.

MONK (2002-2009)

Para ilustrar lo mal que está la ciudadanía a principios del XXI y la gran cantidad de problemas psicológicos que aquejan al personal, nada mejor que mostrarnos en ficción a un protagonista que padece un trastorno obsesivo-compulsivo, amén Jesús de una larga retahíla de fobias, hasta el extremo de que tiene que llevar siempre a su lado a un ayudante que le suministre continuamente toallitas húmedas para limpiarse las manos y que le rasque la espalda siempre que le pica, lo cual sucede con bastante frecuencia.

A Adrián Monk le echaron de la policía regular de San Francisco cuando estuvo catatónico tres años tras la muerte de su esposa y ahora es asesor *freelance* que resuelve lo que los otros no resuelven. (La ineptitud de la policía estadounidense es una constante en la ficción: por algo será).

Lo divertido de la serie son sus 103 manías, mencionadas en los episodios (él dice tener 312). Si Sherlock Holmes es cocainómano y Hercule Poirot está enganchado al azúcar en forma de todo tipo de pasteles, Monk se caracteriza, como hemos dicho, por ser germenefóbico, hemofóbico y mixofóbico. Tiene, además, miedo a los dentistas (esto no es tan raro), a la leche, a los objetos afilados, a los ascensores, a Hacienda, a los vómitos, a las alturas, a los hongos, al fútbol, a los espacios pequeños y a la gente en general[33].

El actor principal, Tony Shalhoub, se produce él mismo la serie (para evitar la posibilidad de que le despidan) y se ha llevado ya a su casa cuatro Emmies, pero no para hacer nada malo con ellas, sino para ponerlas en una repisa bien visible y presumir ante las visitas.

LOS VIGILANTES DE LA PLAYA (1989-2001)

¿Qué estaban mirando continuamente los vigilantes de la playa? Suponemos que a los bañistas losangelinos (¿o es losangelenses?) para que no se ahogasen, aunque nos da en la nariz que la mayor parte del tiempo concentraban su atención en otros elementos más anatómicos de los otros vigilantes, que no solo eran agradables de ver, sino que también les ayudaban a flotar mejor.

---

[33] Básicamente, esto se denomina 'panofobia': miedo a todo. Es el nombre técnico para ser un cobardica, vamos.

Lo que pasaba allí era muy variado: terremotos, tiburones voraces, asesinos en serie y ¡hasta bombas nucleares!, aunque lo más frecuente era el salvamento de semiahogados, que era por lo que cobraban la nómina. Pero en realidad las tramas iban de sus relaciones personales, lo que equivale a decir permutaciones de cama: quién se liaba con quién y durante cuánto tiempo.

A los guionistas no les habría venido mal un cursillo acelerado de geografía, ya que titularon la serie *Baywatch* (literalmente «los vigilantes de la bahía»), cuando la playa de Santa Mónica —donde se ambienta la acción— no es una bahía en absoluto, sino una playa dibujada con tiralíneas y más recta que la de Cullera.

ALLY MCBEAL (1997-2002)

La actriz Calista Flockhart (o Calista Floja, como la llamaban despectivamente las mujeres españolas que estaban celosas de lo delgada que estaba y de su historia con Harrison Ford) protagonizó una serie abogadil en la que ella tenía unas curiosas visiones de lo que deseaba que pasara y no pasaba nunca. El público estaba siempre esperando estas interpolaciones, que era lo que daba algún interés a las tramas leguleyas.

Fue en esta serie donde descubrimos el hecho de que detrás de la apariencia de seriedad, control y eficacia que intentan transmitir esos bufetes de abogados que se llaman siempre con tres nombres (Fulano, Mengano & Zutano), lo que había era un maremágnum de padre y muy señor mío con unos profesionales desquiciados y que no eran en absoluto de fiar.

El guionista era David E. Kelly, prolífico autor de otras varias series de bufetes como *The Practice* (en serio) o *Boston Legal* (en coña marinera), en las que no se cansaba de mostrar los absurdos de ese mundillo, por lo que no era de extrañar que padecieran alucinaciones los que vivían en él.

CURRO JIMÉNEZ (1976-1978)

El mito de Robin Hood es universal. Y todos los pobres quieren (y necesitan) a alguien que les quite el dinero a los ricos para dárselo a ellos. (Al revés no sucede; los ricos no necesitan a nadie que les quite el dinero a los pobres: ya lo hacen ellos solitos y sin ayuda). De ahí el éxito de series como *Curro Jiménez*, el bandido buenista que durante la época napoleónica se dedica a transgredir leyes «por una buena causa» y a despojar a los franceses de sus pertenencias (esto encantaba a los españoles, que nunca han llevado bien ningún tipo de superioridad gala).

Curro se convirtió en un héroe legendario; acompañado por «El Algarrobo» y a golpe de trabuco mantuvo alta la moral hispana, haciendo del bandolerismo algo deseable y admirable. La subversión de valores es algo que siempre funciona muy bien en la ficción, razón por la cual en las películas de robos a bancos o casinos siempre nos ponemos de parte de los ladrones y no queremos que los vigilantes los descubran.

CINCUENTA SERIES MÁS, RESUMIDAS EN UNA SOLA FRASE

Podríamos mencionar otras muchas y, como podríamos, pues lo hacemos.

Algunas de las destacadas serían las siguientes:

Al salir de clase (amores entre treintañeros que aún van al instituto).

Alma de acero (moribundo que hace cosas raras porque ya todo le sale por una friolera).

Aquí no hay quien viva (el universo vecinal hispano en toda su podredumbre moral y cultural).

Benny Hill (las groserías sexuales de un reprimido).

Breaking Bad (exaltación gratuita del delito por el delito).

Buffy cazavampiros (serie considerada por la «crítica especializada» como una de las mejores series de televisión de todos los tiempos; sin comentarios).

C. S. I. (engañifa laboral en la que un solo señor sabe hacer doscientos trabajos diferentes que en la vida real hacen doscientos señores).

Californication (serie cuyo título lo dice todo sobre su contenido: el qué y el dónde).

Caravana (colonos blancos dispuestos a quitarles sus tierras a los indios por el artículo 27).

Dallas (culebrón de ricos y pobres, igualmente odiosos todos, en medio de campos petrolíferos).

Doctor en Alaska (para vivir aventuras sin moverse del sillón y ver nieve estando calentito en casa).

Downton Abbey (ingleses edwardianos que se empeñan en seguir siendo victorianos).

El ala oeste de la Casa Blanca (propaganda muy difícil de creer sobre la eficacia del presidente de los Estados Unidos y su equipo).

El coche fantástico (demostración de que las máquinas siempre cometen menos errores que los humanos, se diga lo que se diga).

El equipo A (donde se ilustra que hay muchas formas distintas de ser bruto).

El pájaro espino (historias de curas enamorados, pero no entre sí, sino de chicas).

El show *de Dick Van Dyke* (donde se demuestra que un listo vale más que mil tontos).

El túnel del tiempo (viajeros temporales que acaban siempre cayendo en la Alemania nazi).

Friends (amigos insoportables que comparten piso).

Gossip Girl (demostración de que la amistad entre mujeres no existe ahora ni ha existido nunca).

Heidi (melodrama familiar, pero con muy poquita familia).

Homeland (terrorismo de los de fuera y de los de dentro, ya que no te puedes fiar de nadie).

Hostal Royal Manzanares (linamorguismo en estado puro).

Juego de tronos (prueba de que la ambición política funciona de verdad incluso en los mundos de mentira).

Juncal (torero jubilado que no sabe cuántas son dos y dos).

La isla de Gilligan (náufragos que se enfrentan a problemas tan estúpidos como ellos).

Las chicas de oro (la obsesión sexual de la tercera edad).

Los ángeles de Charlie (demostración de que las chicas también arrean lo suyo).

Los ladrones van a la oficina (la España casposa de los bares y los pinchos de tortilla).

Los Soprano (jarro de agua fría para los que han idealizado el oficio de capo de la mafia).

Los Tudor (decapitaciones y otras porquerías de la historia).

MacGyver (serie policíaca patrocinada por las ferreterías para vender más).

Mad Men (publicistas que fuman, beben, se suicidan, fornican, hablan mal de los compañeros y no hacen casi nada más al cabo del día).

Médico de familia (hogar donde solo pasan cosas agradables para que los espectadores no angustien por nada).

Mi amigo Flipper (evidencia de que el ser humano no es ni de lejos el animal más listo del planeta).

Mr. Bean (otra demostración de la estupidez humana).

Mujeres desesperadas (amas de casa de esas que se supone que pueden hacer varias cosas a la vez, pero que se ponen histéricas y acaban no siendo capaces de hacer ni una sola).

Perdidos (serie de fantasía en los que los más perdidos son los guionistas, que van dando tumbos de un planteamiento argumental a otro, sin saber qué hacer con sus personajes ni explicar de dónde han salido).

Raíces (melodrama africano de esclavizados y desesclavizados).

Rin Tin Tin (otra demostración más de la estupidez humana, por si con las dos que ya hemos mencionado antes no fuera suficiente).

Sandokán (historias de ingleses malísimos e indios peores todavía a los que vencía un malayo rubio de ojos verdes).

Séneca (andaluz supuestamente sabio que es experto en decir lugares comunes a todas horas).

The Mentalist (*medium* sin poderes, que la única capacidad que tiene es que se fija mucho, como los búhos).

The Office (el mundo laboral dirigido por los menos indicados para hacerlo: ¡la vida misma!).

Vacaciones en el mar (las mil y más situaciones liosas que pueden darse entre los tripulantes de un crucero).

Verano azul (adolescentes haciendo adolescenticidades en la playa).

Viaje al fondo del mar (cursillo apresurado para aprender a usar el periscopio de un submarino).

Xena, la princesa guerrera (feminismo de fantasía, pero con trompazos reales).

Yo soy espía (serie de espías muy poco hábiles en su oficio, pues si son espías, lo último que deberían hacer es decirlo abiertamente ya desde el título).

ENRIQUE GALLUD JARDIEL

Historia cómica del cine

I.S.B.N.: 978-84-9074-594-6

Si queremos conocer la historia del cine universal, nada mejor que este extremadamente útil y divertido libro, que proporciona una visión panorámica de los movimientos, los directores y las películas más importantes que se han realizado nunca, pero todo ello elaborado y complementado con la magia insuperable del humor.Si queremos conocer la historia del cine universal, nada mejor que este extremadamente útil y divertido libro, que proporciona una visión panorámica de los movimientos, los directores y las películas más importantes que se han realizado nunca, pero todo ello elaborado y complementado con la magia insuperable del humor. No estamos hablando de una recopilación de anécdotas o curiosidades —aunque indudablemente las hay—, sino de un canon ordenado y riguroso, tan valioso como cualquier otro, claro, conciso, abarcador y, al mismo tiempo paródico. En él aprenderemos con facilidad lo que en los textos de los sesudos críticos de cine nos resulta ininteligible. Y, a la vez, nos divertiremos con el inimitable estilo paródico del autor, que fiel a su máxima de «enseñar deleitando», sabe informarnos y dar relieve humorístico a cada cineasta y a cada película. Es una obra imprescindible para todos los que amen intensamente el cine y también para aquellos que lo quieran sólo un poquito.